세상의 속도를
따라잡고 싶다면

Do it!

IT 서비스 이해를 위한

네트워크 기초

심준보 지음

개발자 취업·실무를 위한 실습형 네트워크 입문서

- ☑ 24개의 실습으로 네트워크 체험
- ☑ 244개 그림으로 한눈에 이해
- ☑ 시험&면접 대비용 111개 문제 수록

이지스 퍼블리싱

세상의 속도를 따라잡고 싶다면 **Do it!**
변화의 속도를 즐기게 됩니다.

Do it!
IT 서비스 이해를 위한 네트워크 기초
Do it! Network Basics for Understanding IT Services

초판 발행 • 2024년 7월 8일

지은이 • 심준보
펴낸이 • 이지연
펴낸곳 • 이지스퍼블리싱(주)
출판사 등록번호 • 제313-2010-123호
주소 • 서울특별시 마포구 잔다리로 109 이지스빌딩 4층(우편번호 04003)
대표전화 • 02-325-1722 | **팩스 •** 02-326-1723
홈페이지 • www.easyspub.co.kr | **페이스북 •** www.facebook.com/easyspub
Do it! 스터디룸 카페 • cafe.naver.com/doitstudyroom | **인스타그램 •** instagram.com/easyspub_it

총괄 • 최윤미 | **기획 •** 한승우 | **책임편집 •** 이인호 | **IT 2팀 •** 한승우, 신지윤, 이소연
교정교열 • 박명희 | **표지 디자인 •** 김근혜 | **본문 디자인 •** 트인글터 | **인쇄 •** 보광문화사
마케팅 • 이나리 | **독자지원 •** 박애림, 김수경 | **영업 및 교재 문의 •** 이주동, 김요한(support@easyspub.co.kr)

ISBN 979-11-6303-616-6 93000
가격 22,000원

IT 개발을 위한 네트워크 지식으로
한 단계 더 성장하는 개발자가 되자!

클라우드 시대가 도래하면서 모든 서비스가 웹에 손쉽게 연결되고 있습니다. 이러한 변화 속에서 네트워크 기본 지식은 이제 모든 개발자의 기초이자 필수 소양이 되고 있습니다. 하지만 많은 취업 준비생과 주니어 개발자가 네트워크의 중요성을 간과하기 쉽습니다. 당장 취업에 필요한 코딩 테스트와 기술 면접을 준비하고, 취업을 하고 나서는 눈앞에 닥친 업무를 해내고 조직에 적응하느라 정신이 없으니까요. 그러다가 네트워크를 비롯한 컴퓨터과학 기초 지식의 필요성을 몸소 체감하고 나서야 다시 공부를 하기 일쑤입니다.

개발자 취업·실무에 필요한 네트워크의 핵심을 배운다

기존의 네트워크 서적들은 깊이 있고 방대한 내용을 다루는 반면, 개발자에게 필요한 핵심 지식만 빠르게 습득할 수 있는 책은 부족했습니다. 이 책은 대부분의 개발자에게 불필요한 네트워크 전문 지식은 제외하고, IT 서비스 개발자라면 알아야 할 네트워크 지식의 핵심만 담아 쉽고 빠르게 학습할 수 있습니다. 취업 준비생이라면 한 권만 읽어도 기술 면접 대비부터 이후 실무에서도 네트워크 지식이 부족해 걱정할 일이 없도록 책을 집필했습니다.

네트워크의 작동을 실습으로 체험한다

이 책의 가장 큰 장점은 실제로 웹에서 네트워크가 어떻게 작동하는지를 실습으로 체험해 본다는 것입니다. 와이어샤크 프로그램을 이용해 패킷을 분석하고 HTTP 프로토콜을 직접 작성해 보는 등 글로만 배운 내용을 실습으로 직접 확인해 보면 훨씬 쉽게 배울 수 있습니다. 복잡하고 추상적인 개념은 손그림으로 한눈에 쉽게 이해할 수 있도록 했습니다. 장을 시작할 때마다 '핵심 키워드'로 낯선 개념에 먼저 익숙해지고, 장이 끝날 때 '되새김 문제'를 풀며 진짜 내 지식으로 만들 수 있게 구성했습니다. 이러한 방식은 면접 대비에도 충분히 도움이 될 것입니다.

강사로서 가장 행복할 때는 누군가가 '덕분에 문제를 해결했습니다'라는 말을 들을 때입니다. 그래서인지 저는 질문을 좋아합니다. 지금까지 받은 질문들은 모두 기억에 남아 있습니다. 이 질문들 덕분에 힘을 얻었고, 이 책도 더 견고해질 수 있었습니다. 감사한 마음을 다 표현할 순 없겠지만, 이 책 한 권에 꾹꾹 눌러 담았습니다. 이 책이 누군가에게 도움이 되기를 진심으로 바라며, 그동안 배려해 주고 도와준 아내에게도 감사한 마음을 전합니다.

심준보 드림

네트워크의 **구조**와 **원리**를
손그림과 **실습**으로 체험하며 배운다!

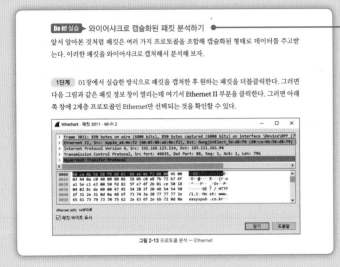

Do it! 실습

새로운 개념을 배울 때마다 등장하는 24가지 [Do it! 실습]을 풀어 보세요. 실제 웹에서 네트워크가 어떻게 작동하는지 직접 체험하며 익힐 수 있습니다.

핵심 키워드

이 장에서 공부하는 핵심 주제를 미리 살펴보세요. 낯선 용어에 익숙해지면 조금 더 빨리 이해할 수 있고, 나중에 어떤 주제가 궁금할 때 그 내용을 쉽게 찾을 수 있습니다.

02-3 패킷을 이용한 통신 과정

패킷은 보낼 때 만들어지고 받을 때 확인한다고 했다. 그리고 패킷을 만드는 과정은 캡슐화, 분해하는 과정은 역캡슐화라고 했다. 이번에는 네트워크에서 캡슐화와 역캡슐화 과정을 거쳐 패킷을 어떻게 주고받는지 확인해 보자.

우선 A 컴퓨터와 B 컴퓨터가 다음 그림처럼 인터넷에 연결되어 있다고 가정해 보자. A부터 B까지는 3개의 LAN을 거친다. 이때 A가 B에게 패킷을 보내는 과정을 살펴보자.

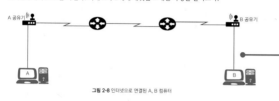

그림 2-8 인터넷으로 연결된 A, B 컴퓨터

지금까지 배운 내용을 활용해
문제를 해결해 보세요!

► 정답: 244~245쪽

문제 01 인터넷의 원형인 아르파넷의 표준으로 지정되었던 모델이며, 현재의 인터넷에서도 실제 통신하는 방식을 그대로 표현한 모델은 무엇인가?

문제 02 ISO에서 1984년 제안한 7개의 계층으로 구성된 모델이며, 국제 표준화를 위해 만들어진 이론적인 모델은 무엇인가?

문제 03 OSI 모델에서 컴퓨터의 랜카드와 랜선을 사용하여 전기 신호를 전송하는 역할을 수행하는 계층은 무엇인가?

문제 04 OSI 모델에서 데이터를 주고받을 때 같은 LAN에 있는 장치를 찾아가는 역할을 하는 계층은 무엇인가?

개념 설명 그림
네트워크를 공부하다 보면 컴퓨터 간의 관계를 계속 상상하거나 종이에 그려 보게 됩니다. 이 책에서는 독자의 수고를 덜어 주기 위해 복잡하고 추상적인 개념을 한눈에 볼 수 있는 손그림을 직접 그려 넣었습니다.

되새김 문제
되새김 문제를 풀며 그동안 배운 내용을 진짜 내 것으로 만들어 보세요. 문제에 답변하다 보면 자연스럽게 복습할 수 있고, 기술 면접에도 대비할 수 있습니다.

저자의 동영상 강의와 함께 공부하세요!

저자의 유튜브 채널 '따라 하면서 배우는 IT'에서 이 책의 내용을 다루는 강의를 시청할 수 있습니다. 동영상과 함께 책을 더 효과적으로 공부해 보세요.

- '따라 하면서 배우는 IT' 유튜브: www.youtube.com/@ddarahakit

이지스 플랫폼 — 연결하면 더 큰 가치를 만들 수 있어요

이지스 유튜브 구독하면 IT 강의 무료 수강!

youtube.com/@easyspub

'Do it! 스터디룸' 카페에서 친구들과 함께 공부!

cafe.naver.com/doitstudyroom

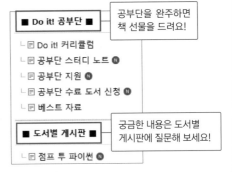

■ Do it! 공부단 ■ — 공부단을 완주하면 책 선물을 드려요!

└ 🗐 Do it! 커리큘럼
└ 🗐 공부단 스터디 노트 ℕ
└ 🗐 공부단 지원 ℕ
└ 🗐 공부단 수료 도서 신청 ℕ
└ 🗐 베스트 자료

■ 도서별 게시판 ■ — 궁금한 내용은 도서별 게시판에 질문해 보세요!

└ 🗐 점프 투 파이썬 ℕ

인스타그램 팔로우하면 이벤트 소식 확인!

instagram.com/easyspub_it

독자 설문 참여하면 6가지 혜택!

의견도 보내고 선물도 받고!

❶ 추첨을 통해 소정의 선물 증정
❷ 이 책의 업데이트 정보 및 개정 안내
❸ 저자가 보내는 새로운 소식
❹ 출간될 도서의 베타테스트 참여 기회
❺ 출판사 이벤트 소식
❻ 이지스 소식지 구독 기회

목표를 세우고 계획적으로 공부해 보세요!
— 독학과 강의 모두 활용하기 좋은 15회 차 학습 계획표

이 계획표에 따라 15번만 공부하면 꼭 알아야 할 네트워크의 기초 개념을 배울 수 있습니다. 목표한 날짜를 기록하며 계획한 대로 꾸준히 공부해 보세요. 15일 뒤엔 네트워크와 관련된 질문에 언제든 대답할 수 있다는 실력과 자신감을 얻게 될 거예요. 이 책을 강의 교재로 활용한다면 커리큘럼을 짤 때 계획표를 활용해 보세요.

회차	진도	주요 내용	목표 날짜
1회	01장	네트워크 기초 개념	(/)
2회	02장	네트워크 모델	(/)
3회	03장	근거리 통신 방법(OSI 2계층)	(/)
4회	04장	IP 주소 통신 방법(OSI 3계층)	(/)
5회	05장	ARP 프로토콜	(/)
6회	06-1~06-3절	광역 통신 방법 (1)	(/)
7회	06-4~06-5절	광역 통신 방법 (2)	(/)
8회	07-1~07-3절	프로그램의 통신 방법(OSI 4계층) (1)	(/)
9회	07-4~07-6절	프로그램의 통신 방법(OSI 4계층) (2)	(/)
10회	08장	HTTP 통신 요청	(/)
11회	09장	HTTP 통신 응답	(/)
12회	10장	공유기 알아보기	(/)
13회	11장	DNS 서버	(/)
14회	12-1~12-2절	HTTPS (1)	(/)
15회	12-3절	HTTPS (2)	(/)

책 미리 보기 ··· 4
이렇게 공부해 보세요 ··· 6
학습 계획표 ··· 7

01

네트워크 알아보기

01-1 네트워크 그리고 인터넷과 웹 ··································· 13
　　 네트워크와 인터넷 ·· 13
　　 웹과 웹 서비스 ··· 14
　　 Do it! 실습 ▶ 내 컴퓨터와 구글의 서버 컴퓨터는 어떻게 연결되어 있을까? ··
　　 　　　　　　　　　　　　　　　　　　　　　　 15

01-2 네트워크의 종류 ·· 17
　　 근거리 통신망 LAN ··· 17
　　 광역 통신망 WAN ··· 18

01-3 네트워크에서 데이터를 주고받는 방법 ··················· 20

01-4 프로토콜이란 무엇일까? ·· 21
　　 Do it! 실습 ▶ 와이어샤크로 프로토콜 확인해 보기 ·············· 22

02

네트워크 모델 알아보기

02-1 TCP/IP와 OSI 7계층 ·· 28
　　 TCP/IP 모델 ··· 28
　　 OSI 7계층 모델 ··· 29
　　 TCP/IP 모델과 OSI 7계층 모델 비교 ····················· 29

02-2 네트워크 패킷 ··· 33
　　 캡슐화 — 패킷을 만들어서 보낼 때 ······················ 34
　　 역캡슐화 — 패킷을 받아서 확인할 때 ··················· 34

02-3 패킷을 이용한 통신 과정 ··· 36
　　 Do it! 실습 ▶ 와이어샤크로 캡슐화된 패킷 분석하기 ··········· 39

03

**근거리 통신 방법
(OSI 2계층)**

03-1 데이터 링크 계층 살펴보기 ······································· 45
　　 데이터의 흐름을 관리하는 스위칭 ························· 45
　　 오류 점검 ··· 45

03-2 MAC 주소 ··· 47
　　 Do it! 실습 ▶ MAC 주소와 랜카드 제조사 확인하기 ············ 48

03-3 Ethernet 프로토콜 ··· 50
　　 Do it! 실습 ▶ Ethernet 프로토콜 캡처하고 분석하기 ··········· 51

04

IP 주소를 활용한 통신 방법 (OSI 3계층)

04-1 네트워크 계층 살펴보기 ································ 56
  라우팅 ·· 57

04-2 IP 주소 ······································ 59
  클래스풀 IP ·································· 60
  클래스리스 IP ······························ 62
  공인 IP와 사설 IP ························ 63
  Do it! 실습 ▶ 내 컴퓨터의 IP 주소 확인하고 설정하기 ···· 64
  Do it! 실습 ▶ 윈도우 제어판에서 IP 주소 확인/설정하기 ···· 67
  Do it! 실습 ▶ 네이버가 보는 나의 IP 주소 알아보기 ···· 69

04-3 특수한 IP 주소 ···························· 70
  네트워크 ID 주소 ·························· 70
  브로드캐스트 주소 ························ 70
  게이트웨이 주소 ·························· 71
  로컬호스트 주소 ·························· 71

05

ARP 프로토콜 알아보기

05-1 ARP 프로토콜이란 무엇일까? ·············· 75
  ARP 프로토콜의 구조 ···················· 75
  ARP 요청과 응답 프로토콜 ················ 76
  ARP 프로토콜의 전송 ···················· 77
  Do it! 실습 ▶ ARP 프로토콜 분석하기 ············ 78

05-2 ARP 캐시 테이블 ·························· 81
  Do it! 실습 ▶ ARP 캐시 테이블 확인하기 ·········· 81

05-3 ARP 프로토콜의 통신 과정 ················ 83

06

광역 통신 방법

06-1 IPv4 프로토콜 ···························· 89
  IPv4 프로토콜의 구조 ···················· 89
  IPv4 프로토콜의 TTL(생존 시간) ·········· 91

06-2 ICMP 프로토콜 ·························· 93
  ICMP의 구조 ······························ 93
  Do it! 실습 ▶ IPv4와 ICMP 프로토콜 분석하기 ······ 94

06-3 라우팅 테이블 ·························· 100
  Do it! 실습 ▶ 라우팅 테이블 확인하기 ············ 101

06-4 멀리 떨어진 컴퓨터와 통신하는 과정 ········ 103

06-5 IPv4 패킷 조각화 ························ 107
  Do it! 실습 ▶ 패킷 조각화 분석하기 ·············· 109

07

프로그램이 데이터를
주고받는 방법
(OSI 4계층)

07-1 전송 계층 살펴보기 ·· 117
클라이언트 — 서버 모델 ·· 117
서버 프로그램 ·· 118
클라이언트 프로그램 ··· 118

07-2 포트 번호 ··· 120
포트 번호 ·· 120

07-3 TCP와 UDP ·· 122
TCP 알아보기 ··· 122
UDP 알아보기 ·· 122
TCP와 UDP 비교 ··· 123

07-4 UDP 통신 알아보기 ·· 124
Do it! 실습 ▶ TFTPD 프로그램으로 UDP 프로토콜 분석하기 ········· 125

07-5 TCP 통신 알아보기 ··· 133
TCP 플래그 ·· 135
TCP 연결 수립 과정 ·· 135
TCP 데이터 송수신 과정 ·· 138
TCP 연결 종료 과정 ·· 139
Do it! 실습 ▶ CP 연결 수립 과정 프로토콜 분석하기 ················· 140

07-6 TCP의 포트 상태 ·· 144
Do it! 실습 ▶ TCP 포트 상태 확인하기 ······································· 147

08

HTTP 통신 요청

08-1 HTTP 프로토콜 알아보기 ··· 152
웹 브라우저가 하는 일 ·· 152
웹 페이지 파일(HTML, CSS, 자바스크립트) ······················· 153

08-2 HTTP 요청 프로토콜의 구조 ··· 155
HTTP 요청 시작 줄 ··· 155
HTTP 요청 헤더 ··· 160
HTTP 요청 보디 ··· 161
Do it! 실습 ▶ HTTP 요청 프로토콜 작성해 보기 ······················ 163

09

HTTP 통신 응답

09-1 웹 서버가 하는 일 ·· 169
Do it! 실습 ▶ 엔진엑스 설치하고 실행하기 ······························ 170
웹 서버가 요청 URL을 해석하는 방법 ···································· 171
Do it! 실습 ▶ 엔진엑스 웹 서버에 URL로 요청 보내기 ············· 172

09-2 HTTP 응답 프로토콜의 구조 ··· 174
HTTP 응답 시작 줄 ··· 174
HTTP 응답 헤더 ··· 177
HTTP 응답 보디 ··· 177

09-3 프런트엔드와 백엔드 ·································· 179
　웹 서버와 웹 애플리케이션 서버의 동작 방식 ·········· 179
　프런트엔드와 백엔드를 나누는 이유 ···················· 181

10
공유기 알아보기

10-1 공유기가 하는 일 ·································· 187
　DHCP — 동적 호스트 구성 프로토콜 ················· 187
　Do it! 실습 ▶ 공유기에 컴퓨터의 IP 주소 설정하기 ··· 190
　NAT — 네트워크 주소 변환 ···························· 192

10-2 공유기에 연결된 컴퓨터를 인터넷에 공개하기 ····· 195
　포트 포워딩 ··· 195
　Do it! 실습 ▶ 공유기에 포트 포워딩 설정하기 ········ 196

11
컴퓨터를 쉽게 찾는 방법
— DNS 서버

11-1 DNS가 하는 일 ·································· 202
　호스트 이름 ··· 203
　도메인 이름(FQDN) ·································· 204
　DNS 서버 프로그램 ·································· 205
　DNS 클라이언트 프로그램 ···························· 207
　Do it! 실습 ▶ 도메인 주소로 IP 주소 확인하기 ······ 208

11-2 도메인 주소가 IP 주소로 바뀌기까지 ············· 209
　Do it! 실습 ▶ 도메인 주소로 IP 주소를 알아 오는 과정 살펴보기 ······ 212

12
암호화 통신하기
— HTTPS

12-1 HTTP의 취약성 살펴보기 ······················· 217
　무작위 모드로 패킷 훔쳐보기 ························ 217
　ARP 스푸핑으로 패킷 훔쳐보기 ······················ 218

12-2 암호화란? ······································· 220
　암호화의 종류 ······································· 220
　암호화 통신의 문제점 ································· 222
　PKI 인증 시스템 ····································· 224

12-3 HTTP + SSL 프로토콜 ··························· 227
　SSL 프로토콜을 이용한 통신 과정 ····················· 228
　Do it! 실습 ▶ HTTPS 보안 웹 서버 설정하기 ········ 230

되새김 문제 정답 ··· 244
찾아보기 ··· 246

네트워크 알아보기

'네트워크'라는 단어를 처음 들어 보는 사람은 거의 없겠지만, '과연 네트워크가 무엇일까?'라고 곰곰이 생각해 본 사람은 드물 것이다. 이번 장에서는 네트워크 하면 머릿속에 떠오르는 단어와 이미지를 정확하게 정리해 보자.

01-1 네트워크 그리고 인터넷과 웹

01-2 네트워크의 종류

01-3 네트워크에서 데이터를 주고받는 방법

01-4 프로토콜이란 무엇일까?

핵심 키워드

네트워크 | 웹 | 인터넷 | LAN(local area network)

WAN(wide area network) | 유니캐스트(unicast) | 멀티캐스트(multicast)

브로드캐스트(broadcast) | 프로토콜(protocol)

01-1 네트워크 그리고 인터넷과 웹

네트워크^{network}란 도대체 무엇일까? 네트워크라는 단어를 머릿속에 떠올려 보면 서로 얽혀 있거나 연결된 것, 무엇인가를 주고받는 것, 인터넷, 웹, 와이파이 등등 여러 가지 이미지가 떠오를 것이다.

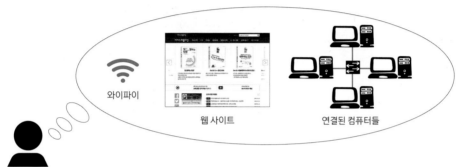

그림 1-1 '네트워크' 하면 떠오르는 이미지

이러한 이미지들이 떠오른 것도 어느 정도 맞다고 볼 수 있다. 하지만 네트워크의 기본 개념을 정확하게 이해하려면 핵심 용어인 네트워크·인터넷·웹 등이 각각 무엇을 의미하는지, 서로 어떻게 다른지 알아야 한다. 그럼 먼저 네트워크는 무엇이며, 이런 네트워크에서 데이터를 어떻게 주고받는지 살펴보자.

네트워크와 인터넷

네트워크 하면 '인터넷'이라는 단어를 떠올린 사람이 많을 것이다. 틀린 말은 아니지만 좀 더 정확하게 구분해 보자. 우선 네트워크는 **여러 컴퓨터를 연결한 통신망**이다. 컴퓨터를 2대만 연결해도 하나의 통신망, 네트워크라고 할 수 있다. 집에 컴퓨터와 공유기 또는 스마트폰과 TV처럼 서로 다른 장치가 연결되어 있는 것도 네트워크이다.

그렇다면 인터넷은 무엇일까? **인터넷**^{internet}은 세상에 존재하는 무수히 많은 통신망 가운데 규모가 가장 큰 네트워크이다. 즉, 전 세계에 있는 컴퓨터를 모두 연결할 만큼 큰 네트워크가 인터넷이다. 우리는 인터넷을 통해서 다양한 국가, 지역의 사람들과 데이터를 쉽고 빠르게 주고받는다.

실제로 인터넷은 다음 그림처럼 각 나라의 주요 도시를 해저 케이블로 연결하고 있다. 이렇게 주요 도시에 있는 작은 네트워크들이 서로 연결되어 큰 네트워크를 구성한다.

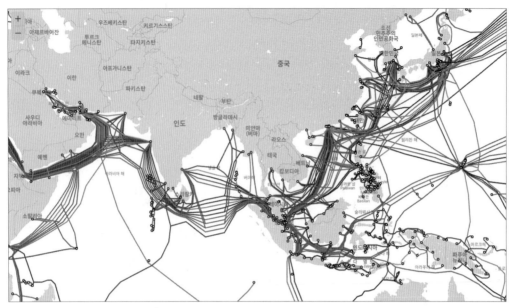

그림 1-2 해저 케이블 지도(출처: www.submarinecablemap.com)

웹과 웹 서비스

그렇다면 웹은 무엇일까? **웹**^{web}이란 일반적으로 웹 서비스를 말한다. 웹 서비스는 웹 브라우저^{web browser}라는 클라이언트 프로그램으로 웹 서버 프로그램에 저장된 다양한 데이터를 인터넷 같은 네트워크 통신망을 이용해서 내려받는 서비스를 의미한다. 대표적으로 HTML, CSS, 자바스크립트^{JavaScript}와 같은 웹 페이지 파일이나 그림, 영상, 음성 파일 등을 내려받을 수 있다.

웹 서비스를 일반적인 파일 내려받기와 같은 것으로 생각할 수 있는데, 웹 서비스는 웹 페이지와 관련된 파일을 내려받는다는 점과 그 파일을 웹 브라우저가 바로 화면에 보여 준다는 점에서 일반적인 파일 내려받기와 차이가 있다.

웹 서버의 파일을 내려받는 웹 브라우저

웹 브라우저 크롬에서 F12 를 누르면 오른쪽에 개발자 도구가 열린다. 여기서 [Network]
를 클릭하면 웹 사이트에 접속했을 때 여러 파일을 내려받는 것을 확인할 수 있으며, 파일
의 이름을 더블클릭하면 해당 파일의 내용을 확인할 수 있다.

지금까지 알아본 핵심 용어의 개념을 정리해 보자. 네트워크란 무언가를 주고받으려고 멀리
떨어져 있는 컴퓨터를 연결해 둔 전기 통신망을 말한다. 그리고 인터넷은 전 세계의 컴퓨터를
모두 연결할 만큼 가장 큰 네트워크이다. 웹은 인터넷을 통해 웹 페이지와 관련된 문서, 그림,
영상, 음성 파일 등의 데이터를 내려받는 서비스를 이용하는 것이다.

Do it! 실습 ▶ 내 컴퓨터와 구글의 서버 컴퓨터는 어떻게 연결되어 있을까?

그렇다면 내 컴퓨터와 지구 반대편 미국에 있는 구글의 서버 컴퓨터는 어떻게 연결되어 있을
까? 실습을 따라 해보면서 알아보자.

1단계 윈도우에서 ⊞ + R 키를 누르면 실행 창이 뜬다. 여기에 cmd를 입력한 후 〈확인〉
을 클릭하면 오른쪽처럼 명령 프롬프트라는 프로그램이 실행된다.

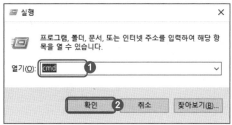

그림 1-3 명령 프롬프트 실행

2단계　명령 프롬프트에서 'tracert www.google.com'이라고 입력하고 〔Enter〕를 누른다. 그러면 내 컴퓨터에서 구글의 서버 컴퓨터까지 찾아가는 경로를 알 수 있다.

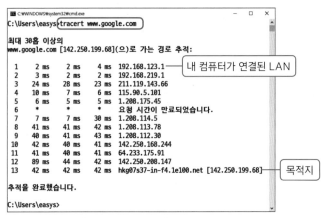

그림 1-4 tracert 명령어로 경로 추적

tracert는 지정한 목적지(이 실습에서는 www.google.com)에 도달하기까지 거쳐 가는 다양한 네트워크의 경로를 알려 주는 명령어다. 입력한 주소의 형식이나 지구 반대편 컴퓨터를 어떻게 찾아가는지는 아직 배우지 않았지만, 여러 네트워크를 지난다는 것은 확인할 수 있다.

경로에서 첫 번째로 표시된 네트워크는 내 컴퓨터가 연결된 LAN이다. 보통 LAN 환경은 내 컴퓨터에 연결된 공유기다. 만약 공유기를 사용하지 않는다면 통신사의 네트워크 장치로 바로 연결된다.

그다음은 앞서 해저 케이블 지도에서 봤던 것처럼 각 도시를 연결하는 케이블을 통해 여러 네트워크를 거쳐 구글의 서버 컴퓨터가 연결된 네트워크에 도달한다.

더 알아보기

케빈 베이컨의 6단계 법칙

'케빈 베이컨의 6단계 법칙(The Six Degrees of Kevin Bacon)'이란, 6단계만 거치면 전 세계 대부분의 사람과 연결될 수 있다는 사회 이론이다. 네트워크도 이와 비슷하게 16단계만 거치면 거의 모든 네트워크와 연결된다. 앞선 실습에서는 13번 만에 지구 반대편의 구글 서버가 연결된 네트워크에 도달한 것을 확인할 수 있다.

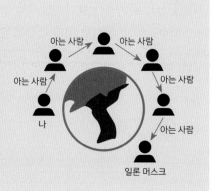

01-2 네트워크의 종류

네트워크는 인터넷처럼 전 세계를 연결할 만큼 규모가 매우 큰 것도 있지만, 내 방의 컴퓨터와 거실의 통신사 장비(모뎀이나 공유기)를 연결하는 것처럼 소규모 네트워크도 있다. 네트워크는 규모에 따라 크게 4가지로 구분할 수 있다.

- **LAN**(local area network): 여러 시스템이 하나의 네트워크 장비(스위치)에 연결된 네트워크
- **WAN**(wide area network): LAN이 하나 이상으로 구성된 네트워크
- **CAN**(campus area network): 대학 캠퍼스처럼 여러 건물을 연결하는 네트워크
- **MAN**(metropolice area network): 한 도시 전체를 연결한 네트워크

네트워크는 이 외에도 다양하게 구분할 수 있는데, 이름만 조금 다를 뿐 기본 단위인 LAN을 여러 개 연결한 것이다. 여기서는 가장 흔하게 접할 수 있는 LAN과 WAN에 주목해 보자.

근거리 통신망 LAN

LAN^{local area network}은 집이나 학교, 강의실, 사무실 등 특정 장소에서 가까운 곳에 있는 컴퓨터끼리 연결한 네트워크다. 다음 그림처럼 컴퓨터와 네트워크 장비(공유기)를 연결하는 선을 흔히 **랜선**이라고 한다. 즉, 랜선은 글자 그대로 컴퓨터를 LAN에 연결하는 선이라고 생각하면 쉽다.

그림 1-5 랜선(UTP 케이블)

보통 랜선의 한쪽은 컴퓨터에, 다른 쪽은 네트워크 장비나 벽의 단자에 연결한다. 이처럼 같은 공간이나 멀지 않은 곳에서 서로 연결된 컴퓨터와 장비는 '하나의 네트워크에 연결됐다' 또는 '같은 LAN 대역이다'라고 표현한다. 다음 그림은 가장 일반적인 LAN의 모습을 보여 준다.

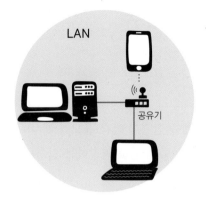

그림 1-6 공유기에 다양한 장치를 연결한 LAN의 모습

광역 통신망 WAN

WAN^{wide area network}은 말 그대로 국가, 대륙 등과 같이 멀리 떨어져 있는 넓은 지역을 연결하는 네트워크다. 이때 '멀다'는 기준은 몇 미터나 떨어졌는지가 아니라 가까운 곳을 연결한 LAN과 또 다른 LAN을 하나로 합친 것을 나타낸다. WAN을 구성하는 LAN의 수는 정해져 있지 않다. 전 세계에서 가장 큰 WAN이 바로 인터넷이다. 다시 말해 인터넷은 무수히 많은 LAN이 하나로 연결된 네트워크다.

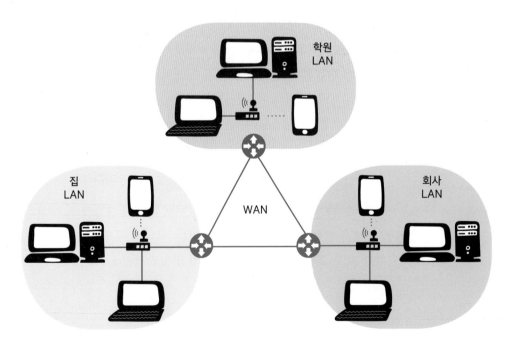

그림 1-7 통신사를 통해 여러 LAN으로 연결된 WAN의 모습

앞에서 진행한 실습에서는 총 13개의 LAN을 지나 최종 목적지인 구글의 서버 컴퓨터까지 도달하는 통신 경로를 보여 준다. 물론 내 컴퓨터와 구글의 서버 컴퓨터를 연결하는 데에 LAN이 13개만 있는 것은 아니다. 인터넷이라는 큰 네트워크는 상상 그 이상으로 많은 LAN이 연결된 WAN이고, 실습에서는 그중에 13개의 LAN을 지나간 것이다.

**더
알아보기**

일상에서 LAN과 WAN의 차이를 찾아보자

다른 사람과 함께 어떤 게임을 플레이하려면 네트워크 통신이 필요한데, 이때 하나의 장치에 연결된 네트워크 환경이라면 근거리 통신망인 LAN을 이용한다. 보통 같은 PC방의 컴퓨터는 하나의 LAN으로 연결되어 있다.

하지만 친구와 함께 각자 자신의 집에서 플레이한다면 LAN으로 연결할 수 없다. 친구 집의 LAN은 우리 집의 LAN과 다른 네트워크라서 WAN으로 연결할 수 있기 때문이다. 따라서 각자 집에서 플레이할 때는 게임에서 제공하는 온라인 서비스를 이용해 WAN으로 연결해야 한다.

예를 들어 스타크래프트라는 게임의 [Battle.net]과 어몽어스라는 게임의 [온라인] 메뉴는 WAN으로 연결하고, 각 게임의 [근거리 통신망(LAN)]과 [로컬] 메뉴는 LAN으로 연결해 친구와 함께 플레이할 수 있다.

그리고 집에서는 대부분 통신사를 통해 인터넷을 사용하므로 공유기라는 장비가 있을 것이다. 공유기는 다음 그림처럼 컴퓨터나 노트북 등을 연결하는 LAN 포트와 다른 LAN을 연결하는 WAN 포트가 있다. 우리 집의 LAN도 공유기의 WAN 포트를 통해 다른 LAN과 연결할 수 있다.

01-3 네트워크에서 데이터를 주고받는 방법

내 컴퓨터에서 다른 컴퓨터로 데이터를 보낼 때는 먼저 대상 컴퓨터를 지정해야 하는데, 이 방식에는 다음 3가지가 있다.

- **유니캐스트**(unicast): 데이터를 특정 컴퓨터 1대에만 보내는 방식. 네트워크 통신에서 가장 일반적
- **멀티캐스트**(multicast): 데이터를 같은 네트워크에 있는 특정 컴퓨터 여러 대에 보내는 방식. 특수한 경우에만 사용
- **브로드캐스트**(broadcast): 데이터를 같은 네트워크에 있는 모든 컴퓨터에 보내는 방식. 특정 대상을 지정할 수 없을 때 사용

그림 1-8 유니캐스트와 멀티캐스트, 브로드캐스트 비교

이처럼 특정 대상(유니캐스트), 특정 다수(멀티캐스트), 또는 같은 LAN에 있는 모든 대상(브로드캐스트)과 어떻게 통신할 수 있을까?

우리가 특정 장소를 찾을 때에 '서울시 중구 세종대로 110'처럼 '주소'를 이용하듯이 네트워크에서도 특정한 컴퓨터를 찾아가려면 다양한 주소 체계를 이용한다. 대표적으로 MAC 주소, IP 주소, 포트 번호, 도메인 주소, URL 등이 있다. 이러한 주소 체계는 02장에서 자세히 알아본다.

01-4 프로토콜이란 무엇일까?

특정 컴퓨터와 통신하려면 네트워크 주소로 대상을 찾아가야 한다. 그런데 이런 주소는 어디에 작성해야 할까? 우리는 편지나 택배를 보낼 때에 보내는 사람 주소와 받는 사람의 주소를 특정한 양식에 맞게 작성해서 보낸다. 마찬가지로 네트워크에서 데이터를 주고받을 때에도 다양한 주소를 네트워크 **프로토콜**protocol이라는 양식에 작성한다.

택배 송장이나 편지봉투의 양식을 보면 보내는 사람과 받는 사람의 이름, 연락처, 주소를 작성한 후 착불, 보험 가입 여부, 내용물 등의 정보를 작성하도록 되어 있다.

그림 1-9 택배 송장과 편지봉투

네트워크 프로토콜도 택배 송장처럼 일종의 양식이다. 편지를 보내려면 편지봉투를 사용하고 택배를 보내려면 택배 송장을 붙인 박스를 이용하듯이, 네트워크에서도 용도에 따라서 알맞은 프로토콜을 사용해 데이터를 보낸다.

가까운 곳의 컴퓨터와 데이터를 주고받을 때는 Ethernet(이더넷)이라는 프로토콜을, 멀리 있는 컴퓨터와 데이터를 주고받을 때는 IP^{internet protocol}를 사용한다. 그리고 특정 컴퓨터에서 실행 중인 프로그램에 데이터를 전달하고 싶으면 TCP^{transmission control protocol}나 UDP^{user datagram protocol}를 사용한다.

이 외에도 여러 가지 프로토콜을 이용해 통신하지만, 앞에서 언급한 프로토콜만 알더라도 네트워크에서 데이터를 어떻게 주고받는지 충분히 이해할 수 있다.

우선 각 프로토콜이 어떻게 생겼는지부터 실습으로 알아보자.

Do it! 실습 ▶ 와이어샤크로 프로토콜 확인해 보기

데이터를 네트워크로 주고받을 때는 컴퓨터에서 **0110 1110 0010** 같은 전기 신호(bit)로 전달한다. 하지만 우리는 이러한 전기 신호를 알아볼 수 없으므로 눈으로 확인할 수 있는 프로그램을 이용할 수 있다. 그중 하나가 바로 와이어샤크다.

와이어샤크^{Wireshark}는 컴퓨터가 네트워크로 주고받는 전기 신호를 하나하나 구분해서 알기 쉬운 형식으로 보여 주는 프로그램이다. 그 밖에도 많은 기능이 있지만 이번 실습에서는 컴퓨터에 와이어샤크를 설치하고 프로토콜의 생김새만 간단히 살펴보자.

1단계 웹 브라우저를 열고 다음 주소에 접속해서 내 컴퓨터의 운영체제 버전에 맞는 와이어샤크 설치 파일을 내려받는다.

- **와이어샤크 내려받기**: www.wireshark.org/download.html

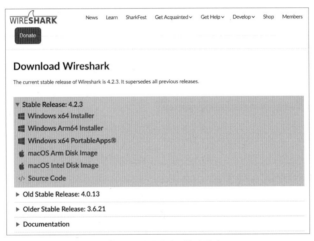

그림 1-10 와이어샤크 홈페이지

2단계 내려받은 설치 파일을 실행해서 설치를 진행한다. 기본 옵션으로 설치하되 중간에 **Npcap 설치** 여부를 묻는 단계에서 해당 체크박스에 표시하고 〈Next〉를 클릭한다. Npcap 설치 창이 나타나면 〈I Agree〉를 클릭하고 마찬가지로 기본 옵션으로 설치한다. 설치를 마치면 〈Next〉를 클릭한다.

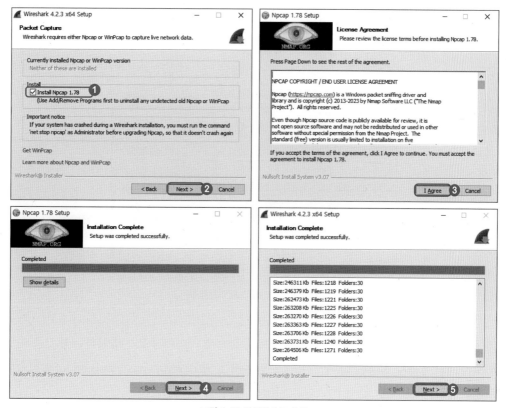

그림 1-11 와이어샤크 설치

3단계 와이어샤크와 Npcap 설치를 마치고 와이어샤크를 실행해 보면 네트워크 분석기에 [Ethernet]이나 [Wi-Fi], [Adapter for loopback] 같은 네트워크 장치가 보인다. 이런 장치는 컴퓨터마다 이름이나 개수가 다를 수 있다. 장치 이름 오른쪽에는 심장 박동처럼 현재 네트워크의 통신 상태를 보여 주는 그래프가 그려지는 것을 볼 수 있다.

이 중에서 내 컴퓨터에 연결된 네트워크 장치를 더블클릭한다. 필자는 노트북을 와이파이에 연결했으므로 [Wi-Fi]를 더블클릭했다. 만약 컴퓨터에 랜선을 꽂았다면 Ethernet을 더블클릭한다.

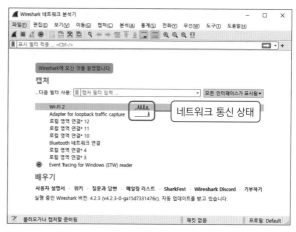

그림 1-12 와이어샤크 실행 화면

4단계 그러면 해당 네트워크 장치로 통신하는 내용(패킷)을 와이어샤크가 캡처해서 보여 준다. 다양한 프로토콜로 많은 데이터를 주고받는 모습을 확인할 수 있다.

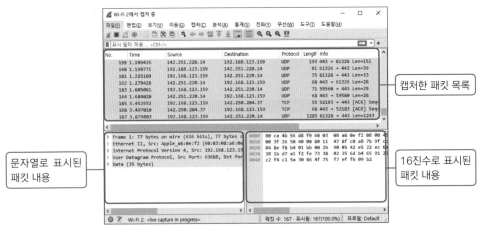

그림 1-13 와이어샤크 패킷 캡처 화면

5단계 이제 웹 브라우저를 열고 웹 사이트에 접속해 와이어샤크가 캡처하는 패킷을 확인해 보자. 4단계까지 진행한 상태에서 웹 브라우저를 열고 www.easyspub.co.kr에 접속해 보자.

그림 1-14 이지스퍼블리싱 홈페이지 접속 화면

6단계 와이어샤크의 필터 부분에 'http.host==www.easyspub.co.kr'을 입력한 후 Enter를 누르면 웹 브라우저에서 www.easyspub.co.kr에 접속할 때 사용한 네트워크 통신만 골라서 볼 수 있다. 패킷 캡처 목록에서 Info 항목에 'GET / HTTP/1.1'이라고 표시된 패킷을 클릭하면 창 아래쪽에서 패킷 내용을 확인할 수 있다(패킷을 더블클릭하면 패킷 내용을 별도의 창으로 볼 수 있다).

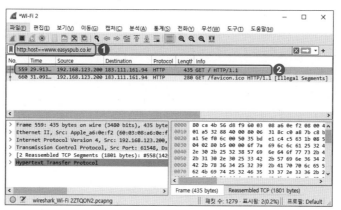

그림 1-15 와이어샤크 패킷 필터

오른쪽에는 해당 패킷의 내용이 16진수로 표시되고, 왼쪽에는 사람이 알아보기 쉽게 문자열로 변환해 보여 준다(창의 배열은 상황에 따라 다를 수 있으며 [보기] 메뉴에서 조절할 수 있다). 왼쪽 내용을 보면 www.easyspub.co.kr에 접속할 때 사용한 네트워크 프로토콜을 알 수 있는데, 이 실습에서는 Ethernet, IP, TCP, 그리고 HTTP 프로토콜을 사용해 웹 사이트에 접속한 것을 볼 수 있다. 3가지 프로토콜은 각각 3장, 6장, 7장에서 그리고 HTTP는 9장에서 요청을, 10장에서 응답을 자세히 살펴볼 것이다.

되 | 새 | 김 | 문 | 제

▶ 정답: 244~245쪽

문제 01 세상에서 가장 큰 네트워크는 무엇인가?

문제 02 가까운 곳에 있는 컴퓨터 또는 네트워크 장비를 연결한 네트워크를 무엇이라고 하는가?

문제 03 네트워크에서 데이터를 주고받을 목적으로 사용하는 다양한 주소 입력 양식을 무엇이라고 하는가?

문제 04 인터넷 같은 네트워크 통신망을 통해서 HTML, CSS, 자바스크립트로 작성한 웹 페이지나 그림 등을 내려받는 서비스를 무엇이라고 하는가?

문제 05 네트워크에서 특정 대상만 지정해서 통신하는 방법을 무엇이라고 하는가?

02

네트워크 모델 알아보기

인터넷이란 전 세계를 모두 연결할 만큼 큰 네트워크이다. 여러분 집의 LAN이나 지구 반대편에 있는 구글 서버 컴퓨터가 속한 LAN 모두 똑같은 형태로 인터넷에 연결되어 있다. 따라서 두 LAN은 인터넷을 통해 연결될 수 있다. 이처럼 전 세계의 네트워크가 모두 똑같은 형태로 인터넷에 연결될 수 있었던 것은 표준화된 네트워크 모델 덕분이다. 이번 장에서는 네트워크 모델이 무엇인지 살펴본다.

02-1 TCP/IP와 OSI 7계층

02-2 네트워크 패킷

02-3 패킷을 이용한 통신 과정

핵심 키워드

| TCP/IP | OSI 7계층(OSI 7 layer) | 비트 | 바이트 |

패킷(packet) 헤더(header) 페이로드(payload) 푸터(footer)

캡슐화(encapsulation) 역캡슐화(decapsulation)

02-1 TCP/IP와 OSI 7계층

우리나라에서 1m는 다른 나라에서도 그 길이가 같다. 미터^{meter}는 1983년 제17차 국제 도량형 총회에서 여러 국가의 대표들이 모여 "빛이 진공에서 1/299,792,458초 동안 진행한 경로"로 정의한 길이 단위이다. 따라서 국제 단위계를 사용하는 국가에서 1m가 나타내는 길이는 모두 같다.

마찬가지로 인터넷을 만들 때에도 수많은 네트워크를 통일된 형태로 연결할 방법이 필요했는데, 그 결과로 **네트워크 모델**$^{network\ model}$이 탄생했다. 우리가 네트워크 모델을 배워야 하는 이유는 단순히 역사적인 의미뿐만 아니라 통신 과정을 이해하거나 네트워크에 문제가 생겼을 때 빠르게 대처할 수 있기 때문이다. 이 절에서는 네트워크 모델 가운데 TCP/IP와 OSI 7계층을 알아보자.

TCP/IP 모델

TCP/IP 모델은 인터넷이 생기기 전인 1960년대 후반부터 미국 국방성의 고등연구계획국$^{Advanced\ Research\ Project\ Agency,\ ARPA}$에서 만들기 시작했다. 이후 1982년에 TCP/IP 모델의 사양이 결정되었고, 1983년에 인터넷의 원형인 아르파넷^{ARPAnet}의 표준으로 지정되었다.

이 당시만 하더라도 컴퓨터는 특정 연구소나 대학에서만 사용했으므로 아르파넷은 연구 목적이었다. 그런데 컴퓨터가 점차 대중화하면서 일반인도 네트워크를 이용할 수 있도록 아르파넷을 발전시켜 만든 것이 바로 인터넷이다. 즉, 연구 목적으로 사용하던 아르파넷이라는 네트워크에서 데이터를 주고받을 때 쓰던 표준인 TCP/IP 모델을 인터넷에 그대로 사용하게 된 것이다.

TCP/IP는 인터넷에 연결된 컴퓨터들이 데이터를 주고받을 수 있도록 하는 인터넷 표준 프로토콜을 위해 만들어졌다. TCP/IP는 다음 그림처럼 총 4계층으로 구성되었으며 각 계층 간에 상호 작동하는 방식을 정해 놓은 네트워크 모델이다. TCP/IP는 오랫동안 사용되어 온 만큼 안정적이며 지금까지도 계속 사용되고 있다.

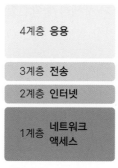

그림 2-1 TCP/IP 모델의 구성

OSI 7계층 모델

TCP/IP 모델은 오랫동안 안정적으로 사용되었지만, 네트워크가 발전하고 기능이 다양해지면서 각 계층을 좀 더 세분할 표준이 필요했다. 그래서 등장한 것이 바로 **OSI 7계층 모델**이다. OSI 7계층$^{OSI\ 7\ layer}$은 1984년에 ISO(국제표준화기구)에서 제안한 7개의 계층으로 구성된 네트워크 모델이다.

그림 2-2 OSI 7계층 모델의 구성

TCP/IP 모델과 OSI 7계층 모델 비교

TCP/IP와 OSI 7계층 모델은 네트워크 통신을 역할별로 계층화해서 구성한 것이므로 비슷한 점이 많다. 차이점이라고 하면 TCP/IP 모델은 초기 인터넷의 개발과 함께 나왔으며 실제 인터넷에서 통신하는 방식을 그대로 표현한 반면, OSI 7계층 모델은 국제 표준화를 목적으로 만든 이론적인 모델이며 실제 통신하는 방식과는 조금 다르다는 점이다.

따라서 네트워크 통신 방식을 실습으로 자세하게 확인할 때는 TCP/IP 모델을 기준으로 학습하고, 복잡하고 다양한 기능을 설명하고 확인할 때는 OSI 7계층 모델을 기준으로 학습해야한다.

두 모델을 비교하면서 각 계층은 어떤 역할을 정의한 것인지 확인해 보자.

표 2-1 TCP/IP 모델과 OSI 7계층 모델 비교

TCP/IP 모델	대표 장비	주소	프로토콜	OSI 7계층 모델
4 응용	-	-	HTTP, FTP, DNS 등	7 응용
	-	-	JPEG, PNG, ZIP, MP4 등	6 표현
	-	-	NetBIOS, SMB, PPTP, RPC 등	5 세션
3 전송	로드밸런서	포트 번호	TCP, UDP 등	4 전송
2 인터넷	라우터	IP 주소	ARP, IP, ICMP 등	3 네트워크
1 네트워크 액세스	스위치	MAC 주소	Ethernet, ppp 등	2 데이터 링크
	랜선, 랜카드	-	IEEE 802.3, IEEE 802.11	1 물리

1) 물리 계층(physical layer)

컴퓨터의 랜카드*와 랜선 같은 하드웨어 장치를 통해 전기 신호인 비트^{bit}를 전송하는 데 필요한 물리적인 명세를 정하고 전송하는 역할을 한다.

* 네트워크 인터페이스 카드(network interface card)라고도 한다.

2) 데이터 링크 계층(data link layer)

데이터 링크 계층은 출발지 컴퓨터에서 목적지 컴퓨터까지 같은 LAN에 있는 장치들을 찾아가는 역할을 한다. 인터넷에서 특정 컴퓨터를 찾아갈 때는 수많은 LAN을 지나는데, 이때 각 장치는 같은 LAN에 있는 장치를 찾은 후에 다음 LAN으로 넘어가서 해당 LAN에 있는 장치를 찾으면서 최종 목적지에 이른다. 2계층을 대표하는 프로토콜로는 Ethernet이 있다. Ethernet 프로토콜은 03장에서 자세히 살펴본다.

3) 네트워크 계층(network layer)

네트워크 계층은 출발지 컴퓨터에서 목적지 컴퓨터를 찾아갈 수 있도록 **라우팅**^{routing} 역할을 한다. 여기서 라우팅이란 '경로'를 뜻하는 route라는 단어에 '~하는 중'이라는 ing가 붙은 것으로 '경로를 찾아가는 과정'으로 생각하면 된다.

실제 인터넷에서 목적지 컴퓨터를 찾아갈 때는 수많은 경로가 있는데, 그때마다 최적의 경로라고 생각하는 쪽을 선택한다. 3계층을 대표하는 프로토콜로는 ARP, IPv4, ICMP 등이 있다. 이 가운데 최적의 경로를 찾아가는 역할을 수행하는 프로토콜은 IPv4이고, 나머지 프로토콜은 IPv4를 보조하는 역할을 한다. 이와 관련한 내용은 04~06장에서 자세히 살펴본다.

4) 전송 계층(transport layer)

3계층을 통해 찾아간 목적지 컴퓨터에는 여러 프로그램이 실행되고 있을 것이다. 전송 계층은 출발지와 목적지 컴퓨터에서 각각 실행 중인 프로그램이 서로를 찾을 수 있도록 하고, 각 프로그램이 데이터를 주고받으면서 누락된 데이터를 다시 전송하게 하거나 아니면 한 번에 전송할 데이터의 크기를 정하는 등의 역할을 한다. 4계층을 대표하는 프로토콜로는 TCP와 UDP가 있다. TCP와 UDP의 차이는 07장에서 자세히 살펴본다.

5) 세션 계층(session layer)

세션 계층은 컴퓨터나 네트워크 장치 사이의 세션을 설정·관리·종료하는 역할을 한다. 여기서 세션이란 '네트워크가 연결된 상태'라고 생각하면 이해가 쉽다. 예를 들어 특정 서비스에 로그인한 후 아무 작업도 하지 않고 오랜 시간이 지나면 '세션이 만료되었습니다'라며 다시 로그인하라는 메시지를 볼 수 있다. 이는 전송하는 데이터의 안정성과 신뢰성을 유지하기 위한 것이다.

6) 표현 계층(presentation layer)

운영체제의 한 부분으로 입력 또는 출력되는 데이터를 하나의 표현 형태로 변환한다. 즉, 보내려는 데이터가 그림 파일인지 압축 파일인지 알려 주는 부분으로 파일의 확장자(JPG, GIF, MPG)와 비슷한 역할을 한다고 생각하면 쉽다.

7) 응용 계층(application layer)

사용자가 이용하는 프로그램의 양식에 따라 데이터를 주고받는 계층이다. 웹을 이용하고 싶을 때는 웹 브라우저라는 프로그램으로 웹 서버와 데이터를 주고받는다. 게임을 하고 싶을 때는 게임 클라이언트 프로그램으로 게임 서버와 데이터를 주고받는다. 친구와 카톡 메시지를 주고받고 싶을 때는 카카오톡이라는 프로그램을 이용한다.

프로그램은 각각 해당 프로그램끼리 통신할 수 있는 양식이 정해져 있는데, 이를 정의한 계층이 바로 응용 계층이다. 만약 프로그램을 직접 개발한다면 나만의 양식을 만들 수도 있다. 대표적인 프로토콜로 HTTP, DNS, FTP 등이 있다. HTTP는 8장과 9장에서, DNS는 11장에서 자세히 살펴본다.

더 알아보기

컴퓨터가 데이터를 표현하는 단위

'컴퓨터는 0과 1밖에 모르는 바보다'라는 말이 있다. 실제로 컴퓨터는 전기로 동작하므로 전기가 있으면 1, 없으면 0으로 그림, 글자, 음성 등 모든 것을 표현한다. 이때 0이나 1 한 자리를 1bit(비트)라고 한다. 비트는 0과 1로만 표현하므로 2진수로 표기한다.

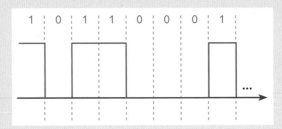

비트가 8자리 모여서 0000 0000~1111 1111처럼 표현할 때는 숫자가 너무 길고 복잡해지므로 1byte(바이트)로 줄여서 부른다. 바이트 단위부터는 우리가 일반적으로 사용하는 10진수로 표기하고 1byte가 1,024개 모이면 1KB(킬로바이트), 1KB가 1,024개 모이면 1MB(메가바이트), 그다음은 GB(기가바이트), TB(테라바이트)라고 한다.

02-2 네트워크 패킷

지금까지 네트워크가 무엇인지, 그리고 네트워크로 연결된 특정한 누군가에게 데이터를 전달하려면 다양한 프로토콜을 사용한다고 배웠다. 그리고 네트워크를 역할에 따라 계층별로 나누어 둔 모델이 있고 계층별로 프로토콜이 있다는 것을 알아보았다.

그렇다면 다양한 계층으로 나뉜 프로토콜을 이용해서 데이터를 어떻게 전달하는 것일까? 데이터를 전달할 때는 필요한 내용을 각각 용도에 맞는 프로토콜과 조합해야 한다. 이렇게 조합한 데이터와 프로토콜의 집합을 **패킷**^{packet}이라고 한다.

다음 그림은 패킷의 구조이다. 각 용도에 맞는 프로토콜은 **헤더**^{header}로, 보낼 데이터는 **페이로드**^{payload}로 구성한다. **푸터**^{footer}는 오류를 점검하기 위한 값으로 구성하는데, 이 값은 헤더와 페이로드를 복잡한 수식에 입력하여 계산한다.

헤더	페이로드	푸터
프로토콜	데이터	추가 옵션

그림 2-3 패킷의 구조

패킷의 헤더는 다음 그림처럼 프로토콜이 여러 개 구성될 수 있으며 한 프로토콜 앞에 또 다른 프로토콜이 헤더로 추가될 수 있다. 헤더 앞에 추가로 붙는 헤더는 기존 헤더보다 더 낮은 계층의 프로토콜이다.

헤더	헤더	페이로드	푸터
프로토콜	프로토콜	데이터	추가 옵션

그림 2-4 패킷의 헤더

다음 그림은 인터넷을 통해 웹 서비스를 이용할 때 사용하는 가장 일반적인 형태의 패킷을 보여 준다. 페이로드 부분에는 보내거나 받는 데이터가 있고 푸터는 없는 형태다. 그리고 헤더에는 HTTP → TCP → IPv4 → Ethernet 등 프로토콜 4개가 순서대로 추가되었다.

Ethernet	TCP	IPv4	HTTP	데이터

그림 2-5 가장 일반적인 패킷

프로토콜은 각각 다음과 같은 용도로 사용한다.

- **HTTP**: 웹 서버와 웹 클라이언트 프로그램이 서로 통신하기 위해 사용한다. 주로 어떤 파일을 달라고 요청하거나 해당 파일을 보낼 때 사용한다.
- **TCP**: 컴퓨터에 실행 중인 여러 프로그램 가운데 통신 대상을 찾을 때 사용한다.
- **IPv4**: 인터넷에 연결된 수많은 컴퓨터 가운데 특정 컴퓨터를 찾아갈 때 사용한다.
- **Ethernet**: IPv4를 이용해 멀리 있는 특정 컴퓨터를 찾아갈 때 여러 LAN을 거치는데, 이때 같은 LAN에 있는 다른 컴퓨터를 찾아갈 때 사용한다.

캡슐화 ─ 패킷을 만들어서 보낼 때

패킷은 데이터를 보내는 쪽에서 만든다. 패킷을 만들 때는 필요에 따라 프로토콜을 여러 개 추가할 수 있는데, 이때 네트워크 모델의 높은 계층에서부터 낮은 계층의 프로토콜을 순서대로 추가하면서 만든다. 이처럼 높은 계층에서 낮은 계층의 프로토콜을 순서대로 조합하는 것을 **캡슐화**^{encapsulation}라고 한다.

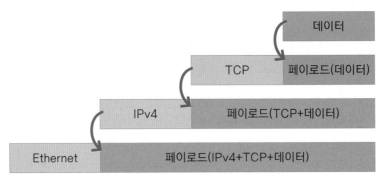

그림 2-6 캡슐화 과정

마치 물건을 택배로 보낼 때 뽁뽁이로 감싼 물건을 상자에 넣고 그 상자를 다시 뽁뽁이로 감싸 더 큰 상자에 넣는 것처럼 캡슐화는 데이터를 감싸는 과정으로 생각할 수 있다.

역캡슐화 ─ 패킷을 받아서 확인할 때

패킷을 전달받은 컴퓨터에서는 반대로 낮은 계층의 프로토콜에서 높은 계층의 프로토콜 순서로 분해하면서 내용을 확인한다. 이를 **역캡슐화**^{decapsulation}라고 한다.

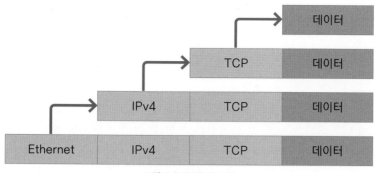

그림 2-7 역캡슐화 과정

마치 택배 상자를 열어 뽁뽁이로 감싼 또 다른 상자를 꺼내고 그 안에 마지막 뽁뽁이까지 뜯어야 물건을 확인할 수 있는 것처럼 역캡슐화는 데이터의 포장을 차례대로 해체하는 것으로 생각할 수 있다.

02-3 패킷을 이용한 통신 과정

패킷은 보낼 때 만들어지고 받을 때 확인한다고 했다. 그리고 패킷을 만드는 과정은 캡슐화, 분해하는 과정은 역캡슐화라고 했다. 이번에는 네트워크에서 캡슐화와 역캡슐화 과정을 거쳐 패킷을 어떻게 주고받는지 확인해 보자.

우선 A 컴퓨터와 B 컴퓨터가 다음 그림처럼 인터넷에 연결되어 있다고 가정해 보자. A부터 B까지는 3개의 LAN을 거친다. 이때 A가 B에게 패킷을 보내는 과정을 살펴보자.

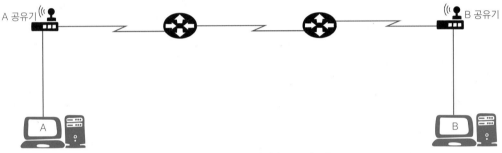

그림 2-8 인터넷으로 연결된 A, B 컴퓨터

먼저 A 컴퓨터는 보낼 데이터를 캡슐화한다. 이때 A와 B는 서로 특정 프로그램으로 통신할 것이므로 TCP를 캡슐화하고, A와 B는 멀리 떨어져 있으므로 B 컴퓨터를 찾아가기 위해서 IPv4를 캡슐화한다. 또한 같은 LAN에 있는 다른 장치를 통해 가야 하므로 Ethernet 프로토콜까지 캡슐화한다.

A 컴퓨터는 이렇게 캡슐화한 패킷을 B에게 보내기 위해 같은 네트워크에 있는 A의 공유기에 보낸다.

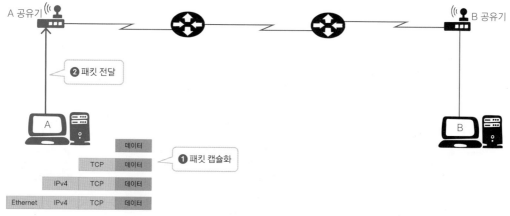

그림 2-9 A 컴퓨터에서 패킷을 공유기로 보내기

A 컴퓨터에서 패킷을 전달받은 A 공유기는 전달받은 패킷이 자신에게 온 것이 맞는지 확인하기 위해 역캡슐화 과정을 거친다. 그리고 Ethernet 프로토콜로써 패킷이 자신에게 온 것이 맞다고 확인하지만, IPv4 프로토콜은 자신이 최종 목적지(B 컴퓨터)가 아님을 알려 준다.

따라서 패킷을 B 컴퓨터를 찾아가기 위한 경로에서 같은 LAN의 다른 장치에 보낸다. 이때 같은 LAN의 다른 장치를 찾아가기 위해서 Ethernet 프로토콜만 다시 캡슐화한다.

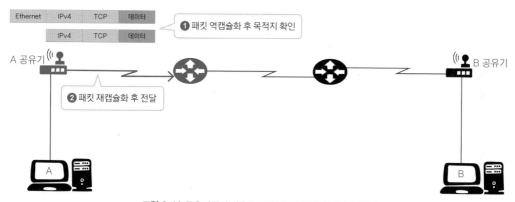

그림 2-10 공유기에서 같은 LAN의 다른 장치로 패킷 보내기

인터넷에서 경로에 있는 네트워크 장치들은 Ethernet으로 같은 LAN에서 자신에게 온 것이 맞는지 확인한다. 그리고 IPv4로써 최종 목적지가 자신인지 확인한다. 최종 목적지가 자신이 아니면 Ethernet만 다시 만들어 보내는 과정을 반복한다.

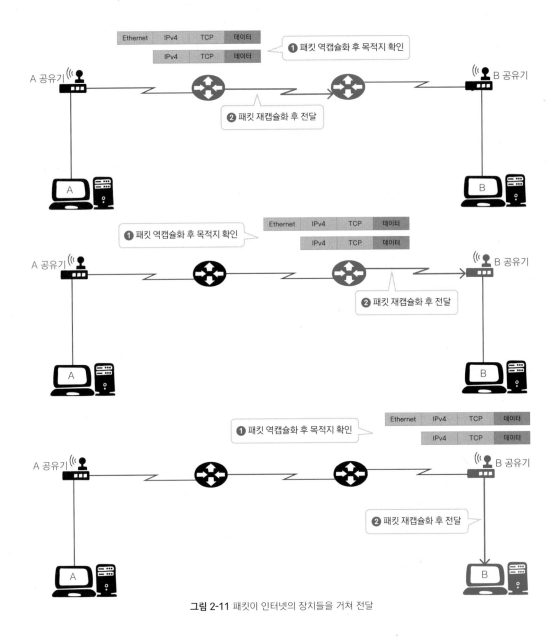

그림 2-11 패킷이 인터넷의 장치들을 거쳐 전달

그러다가 B 컴퓨터가 패킷을 전달받으면 다른 네트워크 장치들과 마찬가지로 역캡슐화 과정을 거쳐 Ethernet으로써 같은 LAN에서 자신에게 온 것이 맞는지 확인한다. 그리고 IPv4로써 최종 목적지가 자신이 맞는지 확인한다.

최종 목적지가 자신이 맞으면 TCP 프로토콜까지 확인하고 B 컴퓨터에서 실행되는 다양한 프로그램 가운데 특정 프로그램에 데이터가 전달된다.

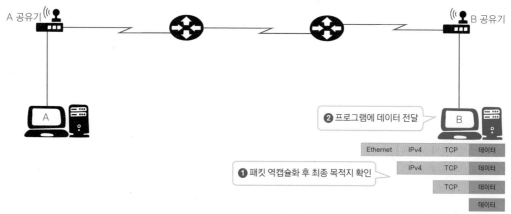

그림 2-12 패킷을 전달받은 B 컴퓨터

지금까지 살펴본 패킷이 전달되는 과정은 이 책의 전체 내용을 압축한 것이다. 각 프로토콜을 이용해서 같은 LAN의 네트워크 장치를 어떻게 찾아가고 또 멀리 있는 컴퓨터까지 찾아가서 특정 프로그램과 통신하는지는 각 장에서 좀 더 자세히 살펴본다.

Do it! 실습 ▶ 와이어샤크로 캡슐화된 패킷 분석하기

앞서 알아본 것처럼 패킷은 여러 가지 프로토콜을 조합해 캡슐화된 형태로 데이터를 주고받는다. 이러한 패킷을 와이어샤크로 캡처해서 분석해 보자.

1단계 01장에서 실습한 방식으로 패킷을 캡처한 후 원하는 패킷을 더블클릭한다. 그러면 다음 그림과 같은 패킷 정보 창이 열리는데 여기서 Ethernet II 부분을 클릭한다. 그러면 아래쪽 창에 2계층 프로토콜인 Ethernet만 선택되는 것을 확인할 수 있다.

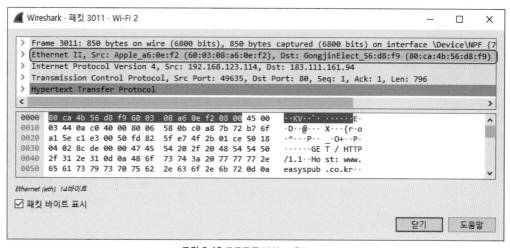

그림 2-13 프로토콜 분석 — Ethernet

2단계   이번에는 패킷에서 Internet Protocol Version 4 부분을 클릭한다. 그러면 아래쪽 창에 3계층 프로토콜인 IPv4만 선택된다. IPv4는 [1단계]에서 본 Ethernet 프로토콜 바로 다음에 있는 것을 확인할 수 있다.

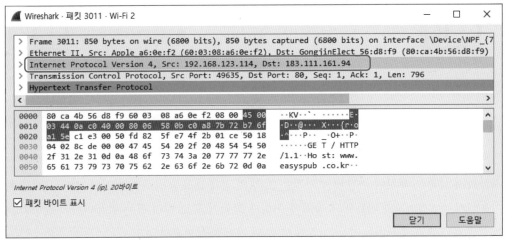

그림 2-14 프로토콜 분석 — IPv4

3단계   다음으로 패킷에서 Transmission Control Protocol 부분을 클릭한다. 그러면 아래쪽 창에 4계층 프로토콜인 TCP만 선택된다. TCP는 [2단계]에서 본 IPv4 프로토콜 바로 다음에 있는 것을 확인할 수 있다.

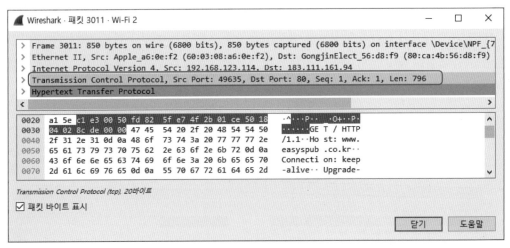

그림 2-15 프로토콜 분석 — TCP

4단계 마지막으로 패킷에서 **Hypertext Transfer Protocol** 부분을 클릭한다. 그러면 아래쪽 창에 7계층 프로토콜인 HTTP만 선택된다. HTTP는 [3단계]에서 본 TCP 프로토콜 바로 다음에 위치한다는 것을 확인할 수 있다.

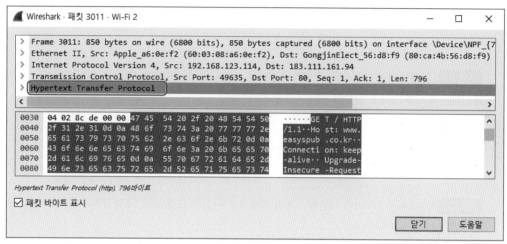

그림 2-16 프로토콜 분석 — HTTP

종합해 보면 다음 그림처럼 상위 계층의 프로토콜 앞에 하위 계층의 프로토콜들이 차례대로 캡슐화된 것을 확인할 수 있다.

```
0000  80 ca 4b 56 d8 f9 60 03   08 a6 0e f2 08 00  45 00     ──► Ethernet
0010  03 44 0a c0 40 00 80 06   58 0b c0 a8 7b 72 b7 6f     ──► IPv4
0020  a1 5e  c1 e3 00 50 fd 82   5f e7 4f 2b 01 ce 50 18     ──► TCP
0030  04 02 8c de 00 00  47 45   54 20 2f 20 48 54 54 50
0040  2f 31 2e 31 0d 0a 48 6f   73 74 3a 20 77 77 77 2e
0050  65 61 73 79 73 70 75 62   2e 63 6f 2e 6b 72 0d 0a
0060  43 6f 6e 6e 65 63 74 69   6f 6e 3a 20 6b 65 65 70     ──► HTTP
0070  2d 61 6c 69 76 65 0d 0a   55 70 67 72 61 64 65 2d
0080  49 6e 73 65 63 75 72 65   2d 52 65 71 75 65 73 74
0090  73 3a 20 31 0d 0a 55 73   65 72 2d 41 67 65 6e 74
00a0  3a 20 4d 6f 7a 69 6c 6c   61 2f 35 2e 30 20 28 57
00b0  69 6e 64 6f 77 73 20 4e   54 20 31 30 2e 30 3b 20
00c0  57 69 6e 36 34 3b 20 78   36 34 29 20 41 70 70 6c
00d0  65 57 65 62 4b 69 74 2f   35 33 37 2e 33 36 20 28
00e0  4b 48 54 4d 4c 2c 20 6c   69 6b 65 20 47 65 63 6b
```

그림 2-17 프로토콜 분석 — 전체 패킷

즉, TCP/IP 모델처럼 [4계층 → 3계층 → 2계층 → 1계층] 순으로 캡슐화된 것을 확인할 수 있다. OSI 모델의 5계층과 6계층에 해당하는 내용이 없다. 이는 현재 확인한 패킷이 간단한 구조이기 때문이며, 기능을 더 많이 추가하고 구조가 복잡해지면 5계층이나 6계층과 관련된 내용이 추가될 수도 있다.

되 | 새 | 김 | 문 | 제

지금까지 배운 내용을 활용해
문제를 해결해 보세요!

▶ 정답: 244~245쪽

문제 01 인터넷의 원형인 아르파넷의 표준으로 지정되었던 모델이며, 현재의 인터넷에서도 실제 통신하는 방식을 그대로 표현한 모델은 무엇인가?

문제 02 ISO에서 1984년 제안한 7개의 계층으로 구성된 모델이며, 국제 표준화를 위해 만들어진 이론적인 모델은 무엇인가?

문제 03 OSI 모델에서 컴퓨터의 랜카드와 랜선을 사용하여 전기 신호를 전송하는 역할을 수행하는 계층은 무엇인가?

문제 04 OSI 모델에서 데이터를 주고받을 때 같은 LAN에 있는 장치를 찾아가는 역할을 하는 계층은 무엇인가?

문제 05 OSI 모델에서 목적지 컴퓨터를 찾아가기 위한 경로를 결정하고 라우팅을 수행하는 계층은 무엇인가?

문제 06 OSI 모델에서 찾아간 컴퓨터에 실행 중인 프로그램을 연결하는 역할을 수행하는 계층은 무엇인가?

문제 07 OSI 모델에서 네트워크가 연결된 상태를 관리하는 계층은 무엇인가?

문제 08 OSI 모델에서 전송할 데이터가 그림 파일인지 압축 파일인지 알려 주는 계층은 무엇인가?

문제 09 OSI 모델에서 사용자 컴퓨터의 통신 프로그램에 따라 각각의 양식으로 데이터를 주고받는 계층은 무엇인가?

문제 10 보내는 쪽에서 데이터에 프로토콜들을 조합하여 패킷을 만드는 과정을 무엇이라고 하는가?

문제 11 받는 쪽에서 패킷의 낮은 계층부터 높은 계층의 헤더를 하나하나 확인하는 과정을 무엇이라고 하는가?

03

근거리 통신 방법(OSI 2계층)

어디론가 여행을 간다면 집을 나서야 하므로 일단 출입문까지 가야 한다. 마찬가지로 인터넷이라는 큰 네트워크에서 내 컴퓨터로부터 멀리 떨어진 컴퓨터와 데이터를 주고받으려면 일단 내 컴퓨터가 연결된 네트워크에서 인터넷으로 나갈 수 있는 네트워크 장치와 통신해야 한다. 이번 장에서는 내 컴퓨터와 연결된 네트워크 장치와 어떻게 통신하는지 알아본다.

03-1 데이터 링크 계층 살펴보기

03-2 MAC 주소

03-3 Ethernet 프로토콜

핵심 키워드

스위칭(switching)　　오류 점검　　MAC 주소(media access control address)

랜카드　　네트워크 인터페이스 카드

OUI(organizationally unique identifier)　　Ethernet 프로토콜

03-1 데이터 링크 계층 살펴보기

OSI 모델에서 2계층인 데이터 링크는 같은 LAN에서 특정 컴퓨터를 찾아가서 통신할 수 있게 해준다. 이때 통신하는 네트워크 장치 사이에 데이터가 잘 전달될 수 있도록 2가지 기능을 수행하는데, 첫 번째는 데이터의 흐름을 관리하는 스위칭, 두 번째는 데이터의 오류를 점검하는 기능이다.

데이터의 흐름을 관리하는 스위칭

먼저 데이터의 흐름 관리부터 알아보자. 일반적으로 같은 LAN은 공유기나 스위치라고 하는 네트워크 장치를 통해 여러 컴퓨터가 연결된 네트워크다. 이런 네트워크 장치에는 다음 그림처럼 랜선을 연결할 수 있는 포트가 여러 개 있다.

그림 3-1 여러 포트가 있는 공유기와 스위치

네트워크 장치는 포트에 랜선으로 컴퓨터를 연결했을 때 해당 컴퓨터의 고유한 주소를 저장한다. 이 주소를 통해 데이터를 전송할 컴퓨터가 연결된 포트를 구분한다. 이런 기능을 **스위칭**switching이라고 하고, OSI 모델의 데이터 링크 계층에서는 MAC^media access control 주소를 사용한다.

오류 점검

앞서 02장에서 네트워크 패킷의 구조는 다음 그림과 같으며 푸터에는 오류를 점검하기 위해 헤더와 페이로드를 이용해 복잡한 수식으로 계산한 값을 넣는다고 했다. 푸터에는 일반적으로 CRC라는 방식으로 계산한 값을 추가한다.

헤더	헤더	페이로드	푸터
프로토콜	프로토콜	데이터	추가 옵션

그림 3-2 오류 점검이 추가된 패킷의 구조

데이터를 보낼 때에 CRC는 헤더와 페이로드로 계산한 점검값을 푸터에 추가하고, 데이터를 받는 쪽에서는 보낼 때와 똑같은 방식으로 계산해서 받은 푸터값과 비교한다. 두 값이 같으면 정상, 그렇지 않으면 전송 과정에서 오류가 발생한 것으로 판정한다.

더 알아보기

순환 중복 검사

순환 중복 검사 CRC(cyclic redundancy check)는 네트워크 통신에서 전송된 데이터에 오류가 있는지 확인하기 위한 점검 값을 계산하는 방식이다. 보내는 쪽에서 데이터를 대상으로 특정한 다항식으로 나눈 결과를 여분의 FCS(frame check sequence)에 덧붙여 보내면, 받는 쪽에서 같은 방법으로 계산한 결과와 같은지 비교해 오류 검사를 한다. FCS는 프레임 끝에 삽입하는 필드이며 그림 3-2에서 푸터에 포함된다.

프로토콜마다 계산하는 식이 정해져 있으며 Ethernet 프로토콜은 32bits 계산식인 CRC-32를 사용한다. 다음은 CRC 계산 예이다. 여기서는 단순히 3bits 계산식을 사용했다.

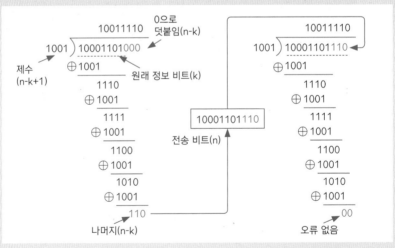

CRC 계산 예(출처: www.ktword.co.kr/test/view/view.php?no=603)

만약 전송할 데이터가 1000 1101이라면 3bits 계산식을 사용하기로 했으니 보낼 데이터 뒤에 000을 추가하고, 정해진 계산식으로 자릿수에 맞춰서 XOR 연산을 반복한다. 그리고 마지막까지 계산해서 나온 값을 전송할 데이터에 추가해서 보낸다. 예에서는 110이 계산되었다. 받는 쪽에서 다시 똑같은 작업을 수행했을 때 계산 결과가 0이 나오면 오류가 없다고 판단할 수 있다.

03-2 MAC 주소

택배를 보내거나 받을 때 위치가 정확해야 하므로 주소라는 개념을 사용한다. 네트워크에서도 OSI 2~4계층까지 각 계층에서 사용하는 대표 주소가 있다. 2계층에서는 MAC 주소를 사용한다.

MAC 주소는 같은 LAN에서 특정 네트워크 장치를 찾아가기 위해 특정 장치를 고유하게 식별할 수 있게 해준다. 컴퓨터나 스마트폰, 노트북, 사물 인터넷(IoT) 장비 등 인터넷으로 통신하는 모든 장치에는 랜카드가 연결되어 있고, 이 랜카드에 MAC 주소가 할당되어 있다.

MAC 주소는 12자리의 16진수 숫자로 구성되며, '00:1A:2B:3C:4D:5E' 또는 '00-1A-2B-3C-4D-5E'와 같은 형태이다. 16진수 한 자리는 2진수 네 자리로 표현할 수 있고, 2진수 한 자리가 1bit이므로 16진수 한 자리는 4bits다. MAC 주소는 16진수 12개로 표현하므로 48bits이고, 이를 바이트 단위로 바꾸면 6bytes임을 알 수 있다.

더 알아보기

네트워크 인터페이스 카드

랜카드의 정식 명칭은 네트워크 인터페이스 카드(network interface card)이다. 옛날에는 인터넷 사용자가 많지 않아서 컴퓨터로 인터넷에 접속하려면 네트워크 인터페이스 카드를 추가해야 했다. 하지만 요즘 컴퓨터에는 메인보드에 랜카드 기능이 대부분 기본으로 들어 있어서 따로 장착하지 않아도 바로 인터넷에 연결할 수 있다. 스마트폰이나 노트북은 컴퓨터보다 더 작으면서 무선으로 연결할 수 있는 장치가 내부에 장착되어 있다. 이런 장치를 통해서 인터넷에 접속한다.

Do it! 실습 ▶ MAC 주소와 랜카드 제조사 확인하기

내 컴퓨터에 설정된 MAC 주소와 랜카드 제조사를 확인해 보자.

1단계 윈도우에서 명령 프롬프트를 실행한 후 `ipconfig /all`이라는 명령어를 입력한다. 그러면 현재 컴퓨터의 IP 구성을 보여 주는데, 여기서 현재 네트워크에 연결된 장치의 물리적 주소, 즉 MAC 주소를 확인할 수 있다.

필자는 노트북에서 와이파이에 연결한 상태로 `ipconfig /all` 명령어를 실행해 다음 그림과 같은 결과를 얻었다. 16진수로 '`60-03-08-A6-0E-F2`'라고 출력된 것을 확인할 수 있다.

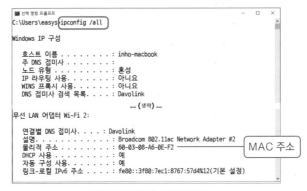

그림 3-3 MAC 주소 확인 결과

16진수로 된 MAC 주소에서 앞 3bytes(여섯 자리)는 OUI^organizationally unique identifier라고 하며 컴퓨터나 노트북, 스마트폰 등에 장착된 랜카드의 제조 회사를 식별하는 아이디이다. 이 아이디는 IEEE*가 관리하며 각 제조 회사에는 고유한 OUI가 할당된다. 나머지 3bytes는 해당 제조 회사에서 랜카드에 부여하는 고유 번호이므로 MAC 주소는 중복되지 않는다.

* IEEE(institute of electrical and electronics engineers)
는 미국 전기 전자 기술자 협회이다.

2단계 이번에는 OUI로 랜카드의 제조 회사를 확인해 보자. 랜카드의 제조 회사를 확인하는 방법은 여러 가지가 있지만, 여기서는 www.cleancss.com/mac-lookup/ 웹 사이트에서 검색해 본다.

현재 필자의 컴퓨터에서 확인한 MAC 주소는 60-03-08-A6-0E-F2이고 여기서 OUI는 앞 3bytes다. 따라서 '60-03-08'을 해당 웹 사이트에서 확인해 보면 Apple, Inc에서 제작했음을 알 수 있다. 추가로 E8-03-9A라는 주소를 확인해 보면 Samsung Electronics Co.,Ltd 같은 국내 회사도 확인할 수 있다.

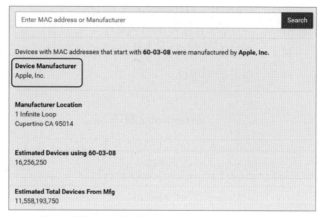

그림 3-4 랜카드 제조 회사 확인하기(www.cleancss.com/mac-lookup/)

03-3 Ethernet 프로토콜

MAC 주소를 이용해서 특정 장치에 데이터를 보내려면 주소를 작성할 양식이 필요하다. OSI 2계층에서 사용하는 MAC 주소를 작성하는 대표적인 양식은 Ethernet 프로토콜이다. Ethernet 프로토콜은 다음 그림처럼 생겼다.

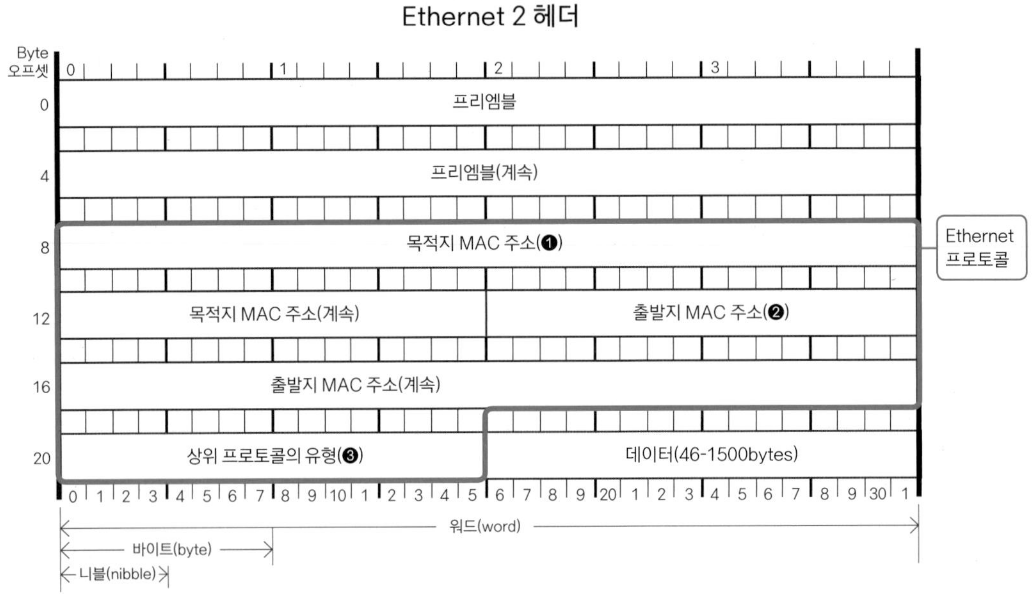

그림 3-5 Ethernet 프로토콜

그림에서 파란색 상자로 표시한 부분만 Ethernet 프로토콜이고 그 앞부분은 프리엠블, 뒷부분은 페이로드에 담긴 데이터다. **프리엠블**preamble*은 Ethernet 프로토콜이 시작되는 지점을 알려 주는 기능을 한다. 프리엠블의 크기는 총 8bytes인데 1010 1010이 일곱 번 반복하면서 (7bytes) 전기 신호를 보내는 쪽의 속도와 받는 쪽의 속도를 동기화하고, 마지막 1byte로 1010 1011을 전송해 그다음부터 Ethernet 프로토콜의 시작을 알려 준다. 마지막 1byte는 시작을 알려 주는 SFD^{start of frame delimiter}라고도 한다.

> * 프리엠블은 전송의 동기화 및 시작을 알리기 위해 프레임(데이터 운반체) 단위별로 각 프레임의 맨 앞에 붙이는 영역을 의미한다.

Ethernet 프로토콜은 목적지 MAC 주소 6bytes(❶), 출발지 MAC 주소 6bytes(❷), 상위 프로토콜의 유형 2bytes(❸) 등 총 14bytes로 구성된다.

만일 A 컴퓨터가 B 컴퓨터에 데이터를 보낼 때 A 컴퓨터와 같은 랜에 있으면서 경로상에 있는 공유기에 데이터를 전달한다면, 목적지 주소(❶)는 공유기의 MAC 주소가 되고, 출발지 주소(❷)는 A 컴퓨터의 MAC 주소가 된다.

상위 프로토콜의 유형(❸)은 데이터를 캡슐화할 때 사용한 3계층 프로토콜이 무엇인지 알려주는 역할을 한다. 여기에 설정되는 3계층 프로토콜은 ARP나 IPv4가 대표적인데, 만약 ARP라면 0x0806이라고 표시하고, IPv4 프로토콜이라면 0x0800이라고 표시한다.

Do it! 실습 ▶ Ethernet 프로토콜 캡처하고 분석하기

이번 실습에서는 와이어샤크로 Ethernet 프로토콜을 캡처하고 분석해 보자. 먼저 01, 02장의 실습처럼 와이어샤크를 실행하고 웹 사이트에 접속해 패킷을 캡처한다. 캡처한 패킷 목록에는 보내는 패킷과 받는 패킷이 섞여 있으므로 필터 기능으로 보내는 패킷만 선택해 보자.

1단계 필터 부분을 클릭하고 "eth.src==컴퓨터의_MAC_주소"를 입력하고 Enter 를 누른다. 여기서 MAC 주소는 앞선 실습에서 확인한 내 컴퓨터의 MAC 주소이다. eth는 Ethernet 프로토콜을 뜻하고 .src는 Ethernet 프로토콜의 출발지 MAC 주소를 뜻한다. 즉, 입력한 MAC 주소에서 보내는 패킷만 골라서 보겠다는 뜻이다.

그리고 필터링한 패킷 가운데 아무 패킷이나 더블클릭해 패킷 정보 창을 연다.

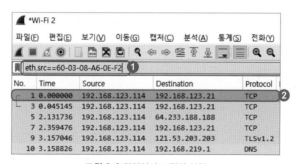

그림 3-6 와이어샤크 필터 설정

2단계 패킷 정보 창에서 **Ethernet II** 부분을 더블클릭해서 확장하면 다음 그림처럼 Destination, Source, Type이 표시된다.

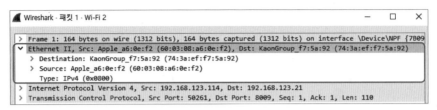

그림 3-7 Ethernet 프로토콜 분석

Source 부분의 값은 현재 내 컴퓨터의 MAC 주소와 정확히 일치하는 것을 확인할 수 있다. 그 다음 Destination 부분에는 목적지의 주소가 표시돼 있다. 이 주소는 최종 목적지 컴퓨터의 MAC 주소가 아님에 주의해야 한다. 즉, 내 컴퓨터와 같은 LAN에 있으면서 목적지까지 가기 위한 경로상에 있는 장치와 통신하는 것이므로 보통은 인터넷과 연결된 공유기의 MAC 주소가 표시된다.

마지막으로 Type 부분의 `0x0800`은 현재 패킷을 캡슐화할 때 3계층에서 IPv4가 캡슐화되었음을 알려 준다.

되 | 새 | 김 | 문 | 제

지금까지 배운 내용을 활용해 문제를 해결해 보세요!

▶ 정답: 244~245쪽

문제 01 패킷이 공유기와 같은 네트워크 장치에서 어느 포트로 가면 되는지 알려 주는 기능을 무엇이라고 하는가?

문제 02 패킷을 보낼 때 패킷의 정보를 이용해 계산한 값을 함께 보내고, 받을 때 받은 정보로 계산한 값을 비교하는 오류 점검 방식은 무엇인가?

문제 03 OSI 2계층에서 사용하는 주소는 무엇인가?

문제 04 MAC 주소의 길이는 얼마인가?

문제 05 MAC 주소를 표현하는 방식 2가지는 무엇인가?

문제 06 MAC 주소의 앞 3bytes가 의미하는 바는 무엇인가?

문제 07 MAC 주소를 확인할 수 있는 명령 프롬프트의 명령어는 무엇인가?

문제 08 랜선을 통해 전기 신호를 주고받을 때 어디서부터 Ethernet 프로토콜이 시작되는지 알려 주는 기능을 무엇이라고 하는가?

문제 09 Ethernet 프로토콜의 길이는 얼마인가?

문제 10 Ethernet 프로토콜은 어떤 구성으로 이루어지는가?

문제 11 Ethernet 프로토콜의 구성 가운데 상위 프로토콜의 종류는 어떤 것이 있고 각각 어떻게 표기하는가?

04

IP 주소를 활용한 통신 방법
(OSI 3계층)

어디론가 여행을 갈 때 03장에서 배운 MAC 주소로 집의 대문까지 갔다면 이제 문을 열고 바깥으로 나가야 한다. 하지만 넓고 복잡한 바깥 세상에서 목적지를 어떻게 찾아갈 수 있을까? 컴퓨터는 MAC 주소를 이용해 통신하지만, 사실 사람들은 IP 주소를 이용해 통신한다. 이번 장에서는 인터넷에서 IP 주소로 목적지를 찾아가는 방법을 알아본다.

04-1 네트워크 계층 살펴보기

04-2 IP 주소

04-3 특수한 IP 주소

핵심 키워드

| 라우팅 | 라우팅 테이블 | IP 주소 | 클래스풀 IP | 클래스리스 IP |

| 서브넷 마스크 | 네트워크 대역 | 네트워크 ID | 호스트 주소 | 브로드캐스트 주소 |

| NAT(network address translation) | 공인 IP | 사설 IP | DHCP(dynamic host configuration protocol) |

| 게이트웨이 주소(gateway address) | 로컬호스트 주소(localhost address) |

04-1 네트워크 계층 살펴보기

OSI 모델에서 3계층은 여러 LAN이 연결된 인터넷 같은 네트워크를 통해 데이터를 보낼 때에 필요한 역할을 수행한다. 우선 여러 LAN이 연결된 인터넷이라는 큰 네트워크에서 통신할 컴퓨터가 있는 LAN을 찾아가야 한다. 인터넷은 워낙 복잡하게 얽힌 네트워크이므로 특정 LAN을 찾아가는 경로는 여러 가지가 있다.

예를 들어 다음 그림과 같은 네트워크 환경에서 집 LAN에 연결된 컴퓨터가 회사 LAN에 연결된 컴퓨터와 통신하려면 어떤 경로가 있을까?

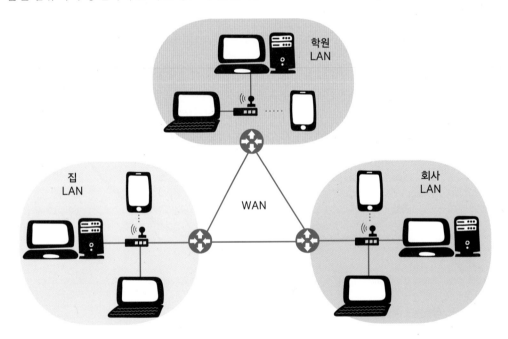

그림 4-1 LAN과 LAN에 연결된 WAN

첫 번째는 학원 LAN을 거쳐 회사 LAN을 찾아가는 경로, 두 번째는 바로 회사 LAN을 찾아가는 경로가 있다. 둘 중 어떤 경로가 더 좋을까? 언뜻 보면 두 번째 경로가 더 간단해서 정답인 것 같지만, 상황에 따라 그렇지 않을 수도 있다.

차를 타고 어딘가를 간다고 생각해 보자. 이때 어떤 길은 차도가 좁고 차량이 많아서 매우 막히고, 또 다른 길은 조금 돌아가긴 해도 차도가 넓고 한적해서 빠르게 갈 수 있다. 만약 최대한 빨리 도착하는 것이 목표라면 조금 돌아가더라도 좀 더 넓고 한적한 길로 가야 할 것이다.

네트워크도 마찬가지다. 특정 경로로 통신하는 컴퓨터가 많을 수도 있고, 해당 경로에 있는 회선의 종류에 따라 한 번에 많은 패킷을 전달할 수 있는 곳과 그렇지 않은 곳이 있다. 이때 멀리 떨어진 곳을 찾아갈 때 더 나은 경로를 이용할 수 있게 해주는 기능이 바로 OSI 모델에서 3계층의 기능이다. 이런 기능을 '라우팅'이라고 한다.

라우팅

라우팅routing은 경로를 뜻하는 'route'라는 단어에 'ing'가 붙어 경로를 찾는 중, 또는 과정이라고 해석할 수 있다. 일반적으로 인터넷은 라우터router라는 3계층 장비를 통해서 전 세계가 연결되는데, 라우터는 KT, SKT, LGT와 같은 통신사들이 설치하고 네트워크 대역을 찾아갈 수 있도록 설정한다. 이 설정에 따라 내 컴퓨터가 다른 컴퓨터와 통신하는 경로가 결정된다.

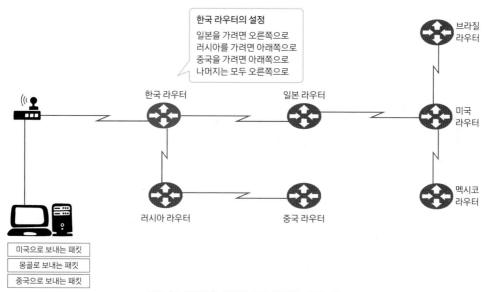

그림 4-2 라우터의 설정에 따라 결정되는 통신 경로

특정 통신사가 전 세계를 연결하는 인터넷의 모든 네트워크 대역을 관리할 수는 없으므로 라우터에는 일반적으로 기본 경로를 설정한다. 예를 들어 앞선 그림에서 미국으로 보내는 패킷은 한국 라우터에는 설정되어 있지 않다. 하지만 나머지 패킷은 모두 오른쪽으로 가라는 기본

경로가 설정되어 있어서 미국을 찾아가
는 패킷은 오른쪽 일본 라우터로 보내
진다. 오른쪽 그림은 대표적인 네트워
크 장비 회사인 시스코^{CISCO}의 라우터
설정 예를 보여 준다.

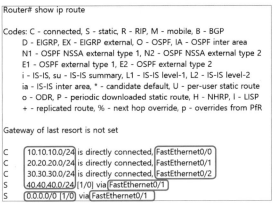

```
Router# show ip route

Codes: C - connected, S - static, R - RIP, M - mobile, B - BGP
       D - EIGRP, EX - EIGRP external, O - OSPF, IA - OSPF inter area
       N1 - OSPF NSSA external type 1, N2 - OSPF NSSA external type 2
       E1 - OSPF external type 1, E2 - OSPF external type 2
       i - IS-IS, su - IS-IS summary, L1 - IS-IS level-1, L2 - IS-IS level-2
       ia - IS-IS inter area, * - candidate default, U - per-user static route
       o - ODR, P - periodic downloaded static route, H - NHRP, I - LISP
       + - replicated route, % - next hop override, p - overrides from PfR

Gateway of last resort is not set

C       10.10.10.0/24 is directly connected, FastEthernet0/0
C       20.20.20.0/24 is directly connected, FastEthernet0/1
C       30.30.30.0/24 is directly connected, FastEthernet0/2
S       40.40.40.0/24 [1/0] via FastEthernet0/1
S       0.0.0.0/0 [1/0] via FastEthernet0/1
```

그림 4-3 시스코 라우터의 라우팅 테이블 예

이 그림에서 10.10.10.0/24, 20.20.20.0/24 등은 3계층에서 사용하는 IP 주소이며 특정 네
트워크 대역을 의미한다. 그리고 FastEthernet0/0, FastEthernet0/1 등은 랜선을 연결한 라
우터의 포트 번호이다. 10.10.10.0/24 대역에 해당하는 IP 주소는 FastEthernet0/0 포트에
연결된 랜선으로 패킷을 전달하고, 20.20.20.0/24 대역에 해당하는 IP 주소는 FastEther
net0/1 포트에 연결된 랜선으로 패킷을 전달하라는 의미이다.

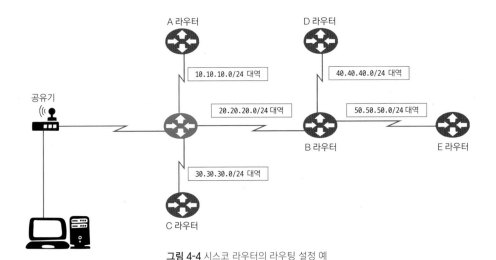

그림 4-4 시스코 라우터의 라우팅 설정 예

여기서 특이한 점은, 40.40.40.0/24 네트워크 대역은 직접 연결된 경로가 아니어서 패킷을
FastEthernet0/1 포트에 연결된 랜선으로 보낸 다음, 해당 패킷이 랜선을 통해 연결된 B 라
우터의 라우팅 테이블 설정에 의해 한 번 더 전송된다는 것이다. 50.50.50.0/24 대역에 대한
설정이 없지만, 기본 경로를 의미하는 0.0.0.0/0에 따라 50.50.50.0/24 대역에 해당하는 패
킷들도 FastEthernet0/1 포트에 연결된 랜선으로 보낸다.

04-2 IP 주소

2계층과 마찬가지로 내 컴퓨터에서 다른 특정 LAN에 있는 컴퓨터를 찾아가려면 주소가 필요하다. 3계층에서 사용하는 주소는 IP이다. 즉, 멀리 있는 컴퓨터와 통신할 때는 IP 주소로 LAN을 찾고, 해당 LAN에 있는 컴퓨터와 통신할 때는 2계층의 MAC 주소를 사용한다.

IP 주소는 `192.168.100.200`처럼 알아보기 쉬운 10진수를 점(`.`)으로 구분해 총 4개의 필드로 나누어 작성한다. 각 필드는 0~255까지 숫자만 사용할 수 있다. IP 주소의 필드는 각각 1byte이므로 `0000 0000`~`1111 1111`까지만 입력할 수 있고, 최댓값인 `1111 1111`을 10진수로 바꾸면 255이다.

> ### 더 알아보기
>
> ### IPv4와 IPv6
>
> 이 책에서 설명하는 IP 주소는 IPv4이다. IPv4는 1byte씩 4개의 필드로 이루어져 총 4bytes이고 0~4,294,967,295까지 표현할 수 있다. 그런데 IPv4 주소를 사용하는 장치들이 너무 많아짐에 따라 훨씬 더 많은 숫자를 표현할 수 있는 IPv6 주소가 나오게 되었다. IPv6은 약 340간(2128) 개만큼 표현할 수 있다.
>
> * 참고로 한자 문화권에서는 수를 셀 때 일(一), 십(十), 백(百), 천(千), 만(萬), 억(億), 조(兆), 경(京), 해(垓), 자(秭), 양(穰), 구(溝), 간(澗), 정(正), 재(載), 극(極) 단위로 표현한다.
>
> | 구분 | IPv4 | IPv6 |
> | --- | --- | --- |
> | 주소 길이 | 4bytes | 16bytes |
> | 주소 개수 | 약 43억(2^{32}) 개 | 약 340간(2^{128}) 개 |
> | 주소 형태 | 192.168.100.200 | 2001:0DB8:85A3:0000:0000:8A2E:0370:7334 |
>
> 그러나 현재 대부분의 시스템에서는 여전히 IPv4를 사용하므로 이 책에서는 IPv4를 기준으로 배운다. IPv4에서 IPv6로 전환하려면 인터넷에 연결된 많은 시스템을 변경해야 하므로 대부분 IPv4를 좀 더 활용하고 있다. IPv4를 기본으로 사용하되 IPv6과 함께 사용하는 곳도 있다.

클래스풀 IP

네트워크가 도입된 초기에는 컴퓨터 보급률이 낮았고 그중에서도 인터넷을 사용할 수 있는 컴퓨터는 더 적었다. 대학교의 연구 시설이나 국방부 같은 특수 시설에서만 IP 주소를 사용했으므로 초기에는 IP 주소를 하나의 LAN에서 사용할 컴퓨터 수에 따라 다음처럼 5개의 클래스로만 나누었다. 이처럼 클래스 기반의 IP 주소 체계를 **클래스풀**[classful]이라고 한다.

표 4-1 클래스풀 IP 주소

등급	용도	시작 주소	마지막 주소	LAN에서 사용할 컴퓨터 수
A 클래스	첫 번째 필드까지 LAN을 구분, 나머지는 LAN에 연결된 컴퓨터 구분	0.0.0.0	127.255.255.255	16,777,214
B 클래스	두 번째 필드까지 LAN을 구분, 나머지는 LAN에 연결된 컴퓨터 구분	128.0.0.0	191.255.255.255	65,534
C 클래스	세 번째 필드까지 LAN을 구분, 나머지는 LAN에 연결된 컴퓨터 구분	192.0.0.0	223.255.255.255	254
D 클래스	멀티캐스트	224.0.0.0	239.255.255.255	—
E 클래스	연구 목적	240.0.0.0	255.255.255.255	—

우선 D와 E 클래스는 특수한 목적을 위해 사용하지 않았다. 컴퓨터나 네트워크 장비가 설정해서 사용할 수 있는 주소는 A, B, C 클래스였다. A 클래스는 IP 주소에서 첫 번째 필드로 LAN을 구분하고 나머지 필드로는 해당 LAN에 연결된 컴퓨터를 구분했다. 이때 LAN을 구분하는 주소를 '**네트워크 대역**'이라 하고, LAN에 연결된 컴퓨터의 주소를 '**호스트 주소**'라고 한다. 네트워크 대역과 호스트 주소가 어떤 식으로 사용되었는지 예를 들어 알아보자.

10.10.10.10이라는 IP 주소를 사용하는 컴퓨터가 있다고 하자. 해당 IP 주소는 A 클래스 주소이다. 따라서 10.0.0.0 네트워크 대역에서 10.10.10.10 주소를 사용하는 컴퓨터라는 뜻이다.

예를 들어 같은 LAN에 컴퓨터들이 다음 그림처럼 연결되어 있다면 각 장치의 IP 주소는 LAN을 구분하는 주소인 10.0.0.0은 같고 나머지 필드는 10.0.0.100, 10.0.10.200, 10.0.10.222처럼 다른 주소를 사용해야 한다.

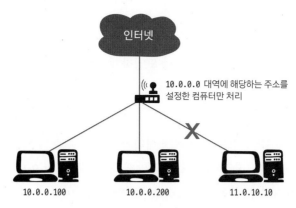

그림 4-5 네트워크 대역과 호스트 주소

만약 LAN을 구분하는 주소가 **11.0.0.0**처럼 다르면 같은 네트워크가 아닌 것이다. LAN에서 사용할 주소는 공유기처럼 해당 LAN의 통신을 책임지는 네트워크 장치에 설정하는데, 공유기에 설정된 네트워크 대역과 컴퓨터에 설정한 IP 주소의 네트워크 대역이 서로 다르면 제대로 통신할 수 없다.

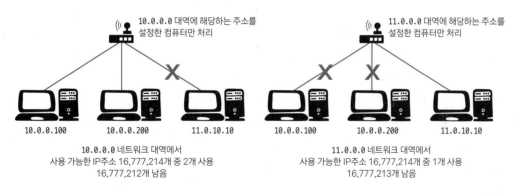

그림 4-6 낭비되는 IP 주소

A 클래스는 첫 번째 필드만 네트워크 대역을 구분하는 주소로 사용하므로 A 클래스 등급의 LAN은 0~127, 즉 128개의 네트워크 대역만 만들 수 있다. 하지만 **10.0.0.0** 네트워크 대역을 사용하는 하나의 A 클래스 LAN에 **10.0.0.1~10.255.255.254**까지를 호스트 주소로 사용할 수 있는데, 그 수는 16,777,214개이다.

일반적으로 한 LAN에 컴퓨터를 많이 연결해도 200대를 넘기 힘들다. 만약 200대의 컴퓨터가 IP 주소를 1개씩 사용한다고 하면 나머지 IP 주소는 사용하지 못하는 주소가 된다. 다른 네트워크 대역인 **11.0.0.0**에서는 **10.0.0.0**으로 시작하는 주소는 사용할 수 없기 때문이다.

같은 LAN에서 사용할 수 있는 IP 주소의 수는 B 클래스가 65,534개, C 클래스가 254개이다. 각 LAN에서 이렇게 낭비되는 IP 주소가 많다 보니 꼭 클래스에 맞춰서 사용하기보다 네트워크 대역과 호스트 주소를 나눠 주는 구분자를 도입하게 되었다.

클래스리스 IP

클래스풀하게 사용하던 IP 주소는 네트워크 대역과 호스트 주소를 필드로 구분하므로 낭비되는 IP 주소가 너무 많았다. 따라서 필드에 꼭 맞게 구분하는 것이 아니라 좀 더 세분화해 적당한 부분에서 구분하기로 한 것이 **클래스리스**classless IP 주소이다.

클래스리스 IP 주소는 네트워크 대역과 호스트 주소의 구분자로 **서브넷 마스크**subnet mask를 IP 주소와 함께 사용한다. 서브넷 마스크도 IP 주소처럼 10진수로 쓰고 4개의 필드로 나눠서 작성하지만(예: 255.255.255.0), IP 주소와는 다른 특징이 있다. 서브넷 마스크는 2진수로 변경했을 때 1에서 0으로 변경되는 부분을 기준으로 네트워크 대역과 호스트 주소를 구분하므로 2진수로 표현했을 때 한 번 0이 오면 그다음은 모두 0이 오도록 작성해야 한다.

예를 들어 IP 주소는 192.168.200.189이고 서브넷 마스크는 255.255.192.0이라고 가정해 보자. IP 주소와 서브넷 마스크를 모두 2진수로 변경해 보면 네트워크 대역과 호스트 주소를 구분하는 곳을 확인할 수 있다.

11000000.10101000.11｜001000.10111101 → IP 주소
11111111.11111111.11｜000000.00000000 → 서브넷 마스크
　　　　네트워크 대역　　　　　　　호스트 주소

그림 4-7 2진수로 변경한 IP 주소와 서브넷 마스크

IP 주소에서 서브넷 마스크가 1에서 0으로 변경되는 경계의 앞부분은 네트워크 대역이고, 나머지 뒷부분은 호스트 주소이다. 네트워크 대역은 IP 주소의 앞부분만 같고 나머지 뒷부분은 모두 0이다. 즉, 경계를 기준으로 앞부분과 뒷부분을 각각 2진수와 10진수로 표현하면 다음 표처럼 네트워크 대역과 호스트 주소를 구분할 수 있다.

표 4-2 네트워크 대역과 호스트 주소의 구분

2진수	10진수	구분
11000000.10101000.11001000.10111101	192.168.200.189	IP 주소
11111111.11111111.11000000.00000000	255.255.192.0	서브넷 마스크
11000000.10101000.11000000.00000000	192.168.192.0	네트워크 대역
00000000.00000000.00001000.10111101	000.000.008.189	호스트 주소

* 네트워크 대역: IP 주소와 서브넷 마스크를 AND 연산, 호스트 주소: IP에서 네트워크 대역을 뺀 나머지 부분

IP 주소와 서브넷 마스크를 함께 표기할 때는 192.168.200.189, 255.255.192.0처럼 쓰거나 192.168.200.189/18처럼 서브넷 마스크를 2진수로 바꿨을 때 1의 개수를 표기하는 방식도 있다.

그렇다면 클래스리스 IP 주소는 클래스풀 IP 주소보다 얼마나 효율적일까? 만약 같은 LAN에 컴퓨터가 60대 연결되었다고 가정하면 IP 주소와 서브넷 마스크를 다음 그림처럼 설정할 수 있다.

11000000.10101000.11001000.10111101 → IP 주소
11111111.11111111.11111111.11000000 → 서브넷 마스크
　　　　네트워크 대역　　　　　　　호스트 주소

그림 4-8 2진수로 변경한 IP 주소와 서브넷 마스크

2진수로 표현한 서브넷 마스크에서 1과 0의 경계가 네트워크 대역과 호스트 주소를 구분하므로 0이 6개이면 2^6인 64대의 컴퓨터에 IP 주소를 할당할 수 있다. 만약 서브넷 마스크에서 1이 1개 줄면 0이 7개이므로 2^7인 128개 사용할 수 있어 IP 주소의 낭비가 많아지고, 1이 1개 늘면 0이 5개이므로 2^5인 32개만 사용할 수 있어 IP 주소를 컴퓨터 60대에 할당하기에는 부족하다.

이처럼 서브넷 마스크로 구분하면 클래스풀 IP를 사용할 때보다 낭비되는 IP 주소를 줄일 수 있다. 그렇지만 낭비가 전혀 없지는 않다. 예로 든 것처럼 IP 주소를 64개 할당할 수 있지만, 컴퓨터는 60대만 사용하므로 IP 주소 4개가 낭비된다.

공인 IP와 사설 IP

클래스리스 IP를 사용하더라도 여전히 IP 주소가 낭비되고 컴퓨터의 보급률은 더욱 높아진 현재에는 IP 주소가 부족한 문제를 해결하고자 **NAT**network address translation라는 네트워크 주소 변환 기술이 도입되었다. NAT를 이용하면 특정 IP 주소를 다른 IP 주소로 바꿀 수 있다.

NAT는 같은 LAN에 연결된 컴퓨터끼리 통신할 때는 각 컴퓨터에 설정된 실제 IP 주소로 통신하고, 외부 LAN과 통신할 때는 모든 컴퓨터가 IP 주소 1개로 통신하게 해준다. 즉, 같은 LAN에 연결된 여러 컴퓨터가 외부 LAN과 통신할 때에 하나의 IP 주소를 공유해서 사용하는 방식이다.

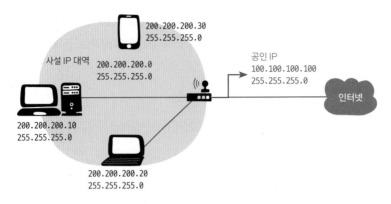

그림 4-9 공인 IP와 사설 IP

같은 LAN에서만 사용하는 IP는 **사설 IP**라고 하며 각 컴퓨터에 설정한다. 그리고 외부 LAN 과 통신할 때 같은 LAN에서 공유해 사용하는 IP는 **공인 IP**라고 하며 공유기에 설정한다. 사설 IP도 모두 일반 IP처럼 IP 주소와 서브넷 마스크를 함께 설정한다. 외부 LAN과 통신할 때 만 공유기가 사설 IP를 공인 IP로 바꿔서 통신하고 내부 컴퓨터끼리는 사설 IP로 통신한다.

Do it! 실습 ▶ 내 컴퓨터의 IP 주소 확인하고 설정하기

이번 실습에는 내 컴퓨터의 IP 주소를 확인하고 다른 IP 주소로 변경도 해보자.

1단계   윈도우에서 IP 주소를 변경하려면 관리자 권한이 필요하다. 작업 표시줄에 있는 찾기 영역에 '명령 프롬프트' 를 입력하고 목록에 [명령 프롬프트]가 나타나면 마우스 오른쪽 버튼을 클릭해 [관리자 권한으로 실행]을 클릭한다.

그림 4-10 관리자 권한으로 명령 프롬프트 실행

2단계 03장에서 MAC 주소를 확인할 때 사용했던 `ipconfig /all` 명령어를 실행한다.

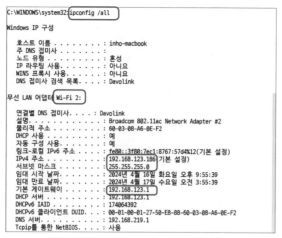

그림 4-11 ipconfig /all 실행

현재 필자의 컴퓨터에 연결된 랜카드의 이름은 **Wi-Fi 2**임을 확인할 수 있다. 그리고 Wi-Fi 2 랜카드에 설정된 IPv4 주소는 **192.168.123.186**이고 서브넷 마스크는 **255.255.255.0**이다. 물론 이 값들은 실습 환경에 따라 다르다.

MAC 주소와 다르게 IP 주소는 변경할 수 있다. IP 주소는 공유기에 설정된 사설 IP 대역에 맞는 주소로만 변경할 수 있다. 현재 IP 주소로 인터넷이 잘 된다면 서브넷 마스크를 2진수로 표현했을 때 **0**에 해당하는 부분의 IP 주소만 변경할 수 있다. 필자의 컴퓨터 IP 주소인 **192.168.123.186**과 서브넷 마스크 **255.255.255.0**을 2진수로 표현하면 다음과 같다.

```
11000000.10101000.01111011.│10111010  → IP 주소
11111111.11111111.11111111.│00000000  → 서브넷 마스크
```

그림 4-12 2진수로 변경한 IP 주소와 서브넷 마스크

즉, 세 번째 필드까지는 똑같이 작성하고 마지막 필드만 다른 값으로 변경할 수 있다.

3단계 IP 주소를 192.168.123.200으로 변경해 보자. 명령 프롬프트에서 다음처럼 명령어를 입력한다.

> • IP 주소 변경 명령어
>
> ```
> > netsh interface ipv4 set address name="장치_이름" static [변경할_주소] [서브넷_마스크] [게이트웨이_주소]
> ```

기울임꼴로 표시한 부분은 여러분의 네트워크 환경에 맞는 값을 입력해야 한다. 필자의 환경을 예로 들면 '장치_이름'에는 Wi-Fi 2, '변경할_주소'에는 192.168.123.200, '서브넷_마스크'에는 그대로 255.255.255.0을 입력하고 마지막 '게이트웨이_주소'에는 앞서 `ipconfig /all` 명령어로 확인한 기본 게이트웨이를 입력하자. 종합하면 다음과 같다.

```
> netsh interface ipv4 set address name="Wi-Fi 2" static 192.168.123.200 255.255.255.0 192.168.123.1
```

4단계 그리고 다음과 같은 명령어로 DNS 서버의 IP 주소를 설정한다. DNS와 관련해서는 11장에서 자세히 알아본다.

```
> netsh interface ipv4 set dns name="장치_이름" static 8.8.8.8
```

5단계 다시 `ipconfig /all` 명령어를 실행해 보면 IP 주소가 바뀐 것을 확인할 수 있다.

```
C:\WINDOWS\system32>ipconfig /all

Windows IP 구성

    호스트 이름 . . . . . . . . . : inho-macbook
    주 DNS 접미사 . . . . . . . :
    노드 유형 . . . . . . . . . : 혼성
    IP 라우팅 사용. . . . . . . : 아니요
    WINS 프록시 사용. . . . . . : 아니요

무선 LAN 어댑터 Wi-Fi 2:

    연결별 DNS 접미사. . . . :
    설명. . . . . . . . . . . : Broadcom 802.11ac Network Adapter #2
    물리적 주소 . . . . . . . : 60-03-08-A6-0E-F2
    DHCP 사용 . . . . . . . . : 아니요
    자동 구성 사용. . . . . . : 예
    링크-로컬 IPv6 주소 . . . : fe80::3f80:7ec1:8767:57d4%12(기본 설정)
    IPv4 주소 . . . . . . . . : 192.168.123.200(기본 설정)
    서브넷 마스크 . . . . . . : 255.255.255.0
    기본 게이트웨이 . . . . . : 192.168.123.1
    DHCPv6 IAID . . . . . . . : 174064392
    DHCPv6 클라이언트 DUID. . . : 00-01-00-01-27-50-E8-88-60-03-08-A6-0E-F2
    DNS 서버. . . . . . . . . : 8.8.8.8
```

그림 4-13 IP 주소 확인

인터넷이 잘 되는지도 확인해 보자. 만약 인터넷이 안 된다면 다음 명령어로 원래의 IP 주소로 되돌릴 수 있다.

• 원래 IP 주소로 되돌리기

```
> netsh interface ipv4 set address name="장치_이름" source=dhcp
```

더 알아보기

공유기의 DHCP 기능

IP 주소는 직접 설정하지 않아도 인터넷을 얼마든지 할 수 있다. 이는 공유기에 있는 DHCP라는 기능 덕분이다. DHCP는 동적 호스트 구성 프로토콜이라고 해서 공유기에 연결된 컴퓨터나 노트북, 스마트폰에 현재 사용할 수 있는 IP 주소를 할당해 주는 역할을 한다. 공유기의 가장 핵심 기능은 NAT를 이용해서 사설 IP와 공인 IP를 서로 바꿔 주는 것이지만, 추가로 DHCP와 같은 다른 기능도 한다. 앞서 소개한 원래 IP 주소로 되돌리는 명령어는 공유기에 DHCP로 IP 주소를 다시 할당받아서 자동으로 설정되게 해준다.

Do it! 실습 ▶ 윈도우 제어판에서 IP 주소 확인/설정하기

앞에서 실습한 내용을 이번에는 윈도우 제어판을 통해서 해보자.

1단계 윈도우에서 ⊞ + Ⓡ 키를 눌러 실행 창을 연 다음 "ncpa.cpl"를 입력하고 〈확인〉을 클릭한다. 그러면 '네트워크 연결'이라는 프로그램이 실행된다.

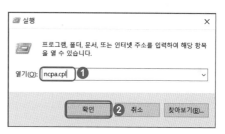

그림 4-14 네트워크 연결 실행하기

2단계 사용 중인 네트워크 장치에서 마우스 오른쪽을 클릭한 후 속성을 선택하여 이더넷 속성 창을 실행한다.

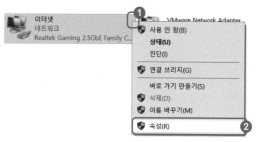

그림 4-15 이더넷 속성 실행

3단계 이더넷 속성 창에서 인터넷 프로토콜 버전 4(TCP/IPv4)를 더블클릭하면 IP 주소를 설정할 수 있는 창이 실행된다.

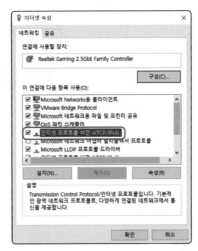

그림 4-16 인터넷 프로토콜 버전4(TCP/IPv4) 속성 실행

4단계 앞선 실습처럼 IP 주소, 서브넷 마스크, 기본 게이트웨이, DNS 서버의 주소를 알맞게 입력한 후 〈확인〉을 클릭하면 IP 주소를 변경할 수 있다.

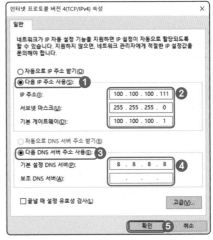

그림 4-17 IP주소 설정

5단계 마찬가지로 인터넷이 잘 되는지 확인해 보자. 만약 인터넷이 안 된다면 다음처럼 설정을 되돌리면 원래의 IP 주소로 되돌릴 수 있다.

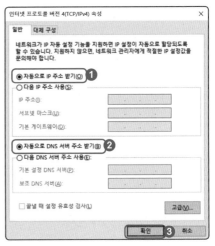

그림 4-18 원래 설정으로 되돌리기

웹 브라우저를 실행하고 네이버(www.naver.com)에
접속한 다음, 검색 창에 '내 아이피 주소'를 입력해 보자.

그림 4-19 네이버에서 '내 아이피 주소' 검색 결과

네이버가 조회한 내 IP 주소를 보면 `ipconfig /all` 명령어로 확인한 IP 주소와 다른 것을 알
수 있다. 이것은 네이버와 내 컴퓨터가 통신할 때 실제 컴퓨터에 설정된 사설 IP 주소
(192.168.123.200)가 아니라, 공유기에 설정된 공인 IP 주소(211.60.156.211)를 이용하기
때문이다.

04-3 특수한 IP 주소

IP 주소의 전체 범위인 **0.0.0.0~255.255.255.255** 중에는 컴퓨터가 사용할 수 없거나 일반 적이지 않은 몇 가지 특수한 IP 주소가 있다. 여기서는 특수한 IP 주소 4가지를 알아보자.

네트워크 ID 주소

네트워크 ID^{network ID}는 컴퓨터에 설정할 수 없는 주소로 네트워크 대역 자체를 나타낸다. 강씨 성을 가진 학생의 이름이 '의실'이라고 하면 이름이 '강의실'이 돼서 강의실이라는 단어와 헷 갈릴 수 있다. 마찬가지로 네트워크 대역 자체를 뜻하는 주소인 네트워크 ID와 컴퓨터에 설정 한 호스트 주소가 헷갈리는 것을 방지하기 위해 컴퓨터에는 설정할 수 없도록 한 것이다.

네트워크 ID 주소는 IP 주소를 서브넷 마스 크로 구분한 네트워크 대역과 호스트 주소에 서 네트워크 대역은 그대로 두고 호스트 주소 만 모두 0으로 변경한다. 만약 컴퓨터에 설정 하려고 하면 다음과 같은 오류가 발생한다.

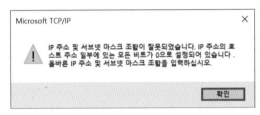

그림 4-20 네트워크 ID 오류

브로드캐스트 주소

브로드캐스트 주소^{broadcast address}는 네트워크 대역에 연결된 모든 컴퓨터와 통신하는 주소로, 컴 퓨터에는 설정할 수 없다. 예를 들어 방씨 성을 가진 학생의 이름이 '송국'이라면 이름이 '방송 국'이 돼서 방송국이라는 단어와 헷갈릴 수 있다. 마찬가지로 브로드캐스트 주소와 컴퓨터에 설 정한 호스트 주소가 헷갈리는 것을 방지하기 위해 컴퓨터에는 설정할 수 없도록 한 것이다.

브로드캐스트 주소는 IP 주소를 서브넷 마 스크로 구분한 네트워크 대역과 호스트 주 소에서 네트워크 대역은 그대로 두고 호스 트 주소만 모두 1로 변경한 주소이다. 만약 컴퓨터에 설정하려고 하면 다음과 같은 오 류가 발생한다.

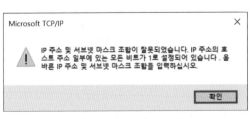

그림 4-21 브로드캐스트 오류

게이트웨이 주소

게이트웨이 주소^{gateway address}는 IP 주소와 라우팅으로 패킷이 어디로 가야 하는지 결정할 때 경로가 따로 설정되어 있지 않으면 무조건 등록된 주소로 가도록 설정한다. 해외여행을 어느 나라로 가더라도 먼저 집의 출입문을 나서야 하는 것처럼 게이트웨이는 출입문의 주소라고 할 수 있다.

게이트웨이 주소는 일반적으로 공유기에서 사용하지만 컴퓨터에도 설정할 수 있다. 하지만 같은 네트워크 대역에서 공유기와 컴퓨터가 같은 IP 주소를 사용하면 둘 중 하나는 통신을 할 수 없다.

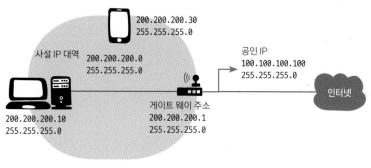

그림 4-22 게이트웨이 주소

게이트웨이 주소는 네트워크 대역에서 사용할 수 있는 IP 주소 중에서 가장 작은 주소(네트워크 ID + 1)나 가장 큰 주소(브로드캐스트 주소 − 1)를 사용하는 것이 일반적이다. 꼭 그렇게 해야 하는 것은 아니지만 국제적으로 지켜야 하는 약속처럼 여겨지고 있다.

로컬호스트 주소

로컬호스트 주소^{localhost address}는 루프백^{loopback} 주소라고도 하며 **127.0.0.1** 주소를 가리킨다. 내 컴퓨터 자체를 뜻하는 이 주소는 내 컴퓨터의 특정 네트워크 서비스나 내 컴퓨터에서 통신이 잘 되는지 확인하는 데 사용한다.

되 | 새 | 김 | 문 | 제

지금까지 배운 내용을 활용해
문제를 해결해 보세요!

▶ 정답: 244~245쪽

문제 01 OSI 3계층에서 멀리 떨어진 네트워크 대역을 찾아가기 위해 패킷의 경로를 결정하고 전달하는 과정을 무엇이라고 하는가?

문제 02 라우팅 정보는 최종 목적지까지 가는 경로를 모두 포함하고 있다. (O / X)

문제 03 3계층에서 사용하는 주소는 무엇인가?

문제 04 IP 주소의 길이는 얼마인가?

문제 05 IP 주소는 어떤 형식으로 표기하는가?

문제 06 192.168.100.100은 어떤 클래스의 IP 주소인가?

문제 07 IP 주소가 192.168.100.100/24일 때 해당 컴퓨터가 연결된 LAN의 네트워크 대역은 무엇인가?

문제 08 IP 주소가 192.168.100.100/24일 때 해당 컴퓨터가 브로드캐스트로 통신하려면 어떤 주소로 해야 하는가?

문제 09 IP 주소가 192.168.100.100/24일 때 해당 컴퓨터가 연결된 LAN의 네트워크 대역에서 사용할 수 있는 IP 주소의 범위는 어떻게 되는가?

문제 10 나 자신을 뜻하는 로컬호스트 주소는 무엇인가?

문제 11 윈도우의 명령 프롬프트에서 IP 주소를 확인할 수 있는 명령어는 무엇인가?

05

ARP 프로토콜 알아보기

03장에서 컴퓨터는 MAC 주소를 이용해 통신한다고 했다.
그리고 04장에서 사람들은 IP 주소를 이용해 통신한다고 했
다. 이처럼 주소 체계가 다른데 어떻게 통신할 수 있는 것일
까? 이번 장에서 자세히 알아보자.

05-1 ARP 프로토콜이란 무엇일까?   05-3 ARP 프로토콜의 통신 과정

05-2 ARP 캐시 테이블

핵심 키워드

ARP 프로토콜(ARP protocol)   ARP 캐시 테이블(ARP cache table)

05-1 ARP 프로토콜이란 무엇일까?

ARP^{address resolution protocol}는 IP 주소로 MAC 주소를 알아내는 주소 결정 프로토콜이다. 다른 사람과 통신하기 위해 상대의 IP 주소를 입력하면 컴퓨터는 통신할 장치에 ARP 요청 프로토콜을 이용해 MAC 주소를 알려 달라고 요청한다. 해당 요청을 받은 컴퓨터는 다시 ARP 응답 프로토콜로 자신의 MAC 주소를 응답해 준다. 이렇게 통신할 장치의 MAC 주소를 알아야 비로소 통신할 수 있다.

즉, IP 주소로 통신하기 전에 먼저 ARP 프로토콜로 MAC 주소를 알아내는 과정이 수행된다. 우리가 의식하지 못하더라도 컴퓨터는 여러 장치와 통신하기 위해 ARP 프로토콜로 서로의 MAC 주소를 요청하고 응답하는 과정을 계속 반복한다.

ARP 프로토콜의 구조

ARP 프로토콜은 IP 주소로 MAC 주소를 알아내는 역할을 하므로 출발지의 IP와 MAC 주소, 목적지의 IP와 MAC 주소를 포함하는 구조로 되어 있다. 이러한 주소 외에도 몇 가지 내용을 포함하는데 ARP 프로토콜의 전체 구조를 그림으로 나타내면 다음과 같다.

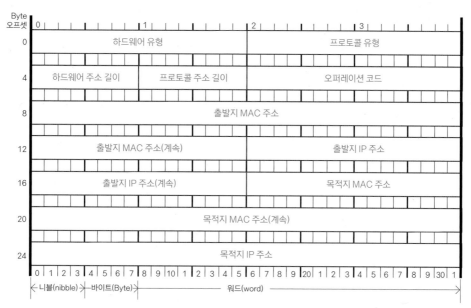

그림 5-1 ARP 프로토콜의 구조

먼저 '하드웨어 유형'은 현재 사용하는 2계층 주소의 유형을 의미한다. 일반적으로 2계층에서는 MAC 주소만 사용하므로 Ethernet을 의미하는 값 0x0001이 작성된다. '프로토콜 유형'은 3계층 주소의 유형을 의미한다. 3계층에서는 일반적으로 IPv4 주소를 사용하므로 이를 의미하는 값 0x0800이 작성된다.

그다음 '하드웨어 주소 길이'에는 MAC 주소의 길이가 6bytes이므로 0x06이 작성되고, '프로토콜 주소 길이'에는 IPv4 주소의 길이가 4bytes이므로 0x04가 작성된다. '오퍼레이션 코드'는 MAC 주소를 요청하는 패킷인지, 아니면 요청에 응답하는 패킷인지 구분하는 데 사용된다. 값이 0x0001이면 요청하는 패킷, 0x0002이면 응답하는 패킷이다. 마지막으로 출발지 MAC과 IP 주소, 목적지 MAC과 IP 주소가 차례로 작성된다.

여기서 한 가지 의문이 생길 수 있다. ARP 프로토콜은 IP 주소로 통신할 장치의 MAC 주소를 알아내는 프로토콜이라고 했는데, 알 수 없는 목적지의 MAC 주소가 어떻게 작성되고 해당 주소로 어떻게 전달할 수 있을까?

이러한 문제 때문에 MAC 주소를 요청할 때와 응답받을 때 ARP 프로토콜이 작성되는 방법과 통신하는 방법이 다르다. 우선 요청할 때와 응답할 때 각각 ARP 프로토콜이 어떻게 작성되는지부터 알아보자.

ARP 요청과 응답 프로토콜

ARP 프로토콜을 이용해 MAC 주소를 요청할 때나 요청에 응답할 때에 하드웨어와 프로토콜의 유형 그리고 주소 길이는 거의 고정된 값으로 작성된다. 요청과 응답이 다른 점은 현재 ARP 프로토콜이 요청하는 것인지 응답하는 것인지를 나타내는 오퍼레이션 코드와 목적지 MAC 주소의 유무이다.

MAC 주소를 요청할 때는 목적지의 MAC 주소를 모르기 때문에 다음 그림처럼 0으로 채우는 것을 볼 수 있다. 그러나 응답할 때는 요청하는 쪽에서 보내 준 ARP 프로토콜에서 출발지 MAC 주소를 보면 내가 응답해야 할 목적지 MAC 주소를 알 수 있다.

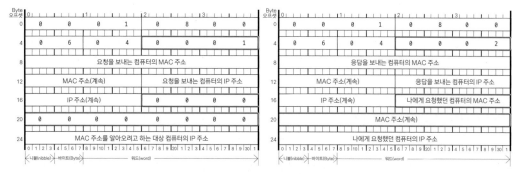

그림 5-2 ARP 요청 프로토콜과 ARP 응답 프로토콜의 차이

이렇게 만든 ARP는 3계층 프로토콜이고 2계층 프로토콜인 Ethernet을 캡슐화하여 전송한다. 이 말은 ARP 프로토콜은 가까운 곳, 같은 네트워크에 있는 곳으로만 전달할 수 있다는 의미이다.

ARP 프로토콜의 전송

앞에서 ARP 요청 프로토콜과 응답 프로토콜이 어떻게 작성되는지 알아봤다. 그럼 ARP 프로토콜을 어떻게 전달할까? 특히 요청 프로토콜은 목적지 MAC 주소를 모르는데 어떻게 통신할 장치에 전달해서 MAC 주소를 알려 달라고 할 수 있을까?

ARP 요청 프로토콜을 보낼 때는 상대방의 MAC 주소를 알지 못하므로 다음 그림처럼 Ethernet 프로토콜의 목적지 MAC 주소를 ff:ff:ff:ff:ff:ff로 작성하여 캡슐화하고 브로드캐스트로 같은 네트워크에 있는 모든 장치에 ARP 요청 프로토콜을 보낸다.

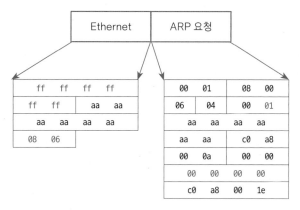

그림 5-3 ARP 요청 프로토콜의 캡슐화

A 컴퓨터가 B 컴퓨터의 MAC 주소를 알아오기 위해 ARP 요청 프로토콜을 브로드캐스트로 보내면 ARP 요청 프로토콜을 받고 확인한 B 컴퓨터는 A 컴퓨터가 보낸 ARP 요청 프로토콜에 들어 있는 출발지 MAC 주소를 보고 응답해야 할 A 컴퓨터의 MAC 주소를 알 수 있다. 따라서 ARP 응답 프로토콜의 각 양식에 내용을 작성하고 유니캐스트로 한 대상(출발지)에게만 응답한다.

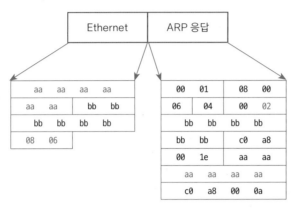

그림 5-4 ARP 응답 프로토콜 캡슐화

Do it! 실습 ARP 프로토콜 분석하기

와이어샤크를 이용해 ARP 요청 프로토콜이 어떻게 작성되었는지 알아보고, Ethernet 프로토콜을 캡슐화하여 브로드캐스트로 통신하는지 확인해 보자.

1단계 와이어샤크를 실행하고 통신 중인 네트워크 장치를 더블클릭해 패킷을 캡처한다. 필터 부분에 'arp.opcode == 1 && eth.dst == ff:ff:ff:ff:ff:ff'이라고 입력하고 Enter를 누른다. arp는 ARP 프로토콜을 뜻하고 .opcode == 1은 오퍼레이션 코드가 1, 즉 요청 프로토콜만 골라서 보겠다는 뜻이다. 필터링한 패킷 가운데 아무 패킷이나 더블클릭해서 자세히 확인해 보자.

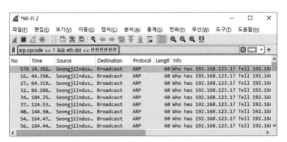

그림 5-5 ARP 요청 프로토콜 패킷만 보기

2단계 패킷에서 **Address Resolution Protocol** 부분을 더블클릭하여 확장해 보자. 앞에서 살펴본 ARP 요청 프로토콜의 구성대로 각 항목의 정보를 확인할 수 있다. 여기서 하드웨어와 프로토콜의 유형과 크기는 거의 고정된 값이다. ARP 요청 프로토콜에서 눈여겨볼 점은 오퍼레이션 코드(Opcode)가 1이라는 것과 목적지 MAC 주소(Target MAC address)가 `00:00:00:00:00:00`라는 것이다.

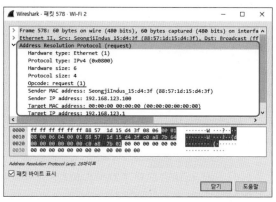

그림 5-6 ARP 요청 프로토콜 분석

3단계 이번에는 패킷에서 **Ethernet II** 부분을 더블클릭하여 확장해 보자. 목적지 (Destination) 부분에 MAC 주소가 `ff:ff:ff:ff:ff:ff`으로 설정되어 있고 Broadcast라고 표시된 것을 볼 수 있다. 이처럼 ARP 요청 프로토콜은 어디로 보내야 할지 아직 알 수 없으므로 같은 네트워크에 있는 모든 장치에 브로드캐스트로 발송한다.

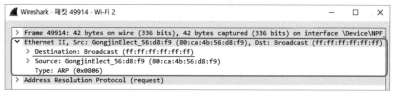

그림 5-7 Ethernet 프로토콜 분석

4단계 이번에는 ARP 응답 프로토콜을 살펴보자. 패킷 목록에서 필터 부분에 '`arp.opcode == 2`'라고 입력하고 Enter를 눌러 필터링한다. 그리고 필터링한 패킷 가운데 아무 패킷이나 더블클릭해서 자세히 확인해 보자.

그림 5-8 ARP 응답 프로토콜 패킷만 보기

5단계 패킷에서 **Address Resolution Protocol** 부분을 더블클릭하여 확장한다. 하드웨어와 프로토콜의 유형과 크기는 ARP 요청 프로토콜과 같은 것을 확인할 수 있다. ARP 응답 프로토콜에서 눈여겨볼 점은 오퍼레이션 코드(Opcode)가 2라는 것과 ARP 요청 프로토콜과는 다르게 목적지 MAC 주소(Target MAC address)가 `00:00:00:00:00:00`이 아니라, 요청을 보냈던 장치의 MAC 주소가 작성되어 있다는 것이다.

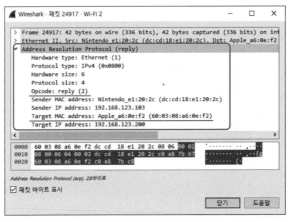

그림 5-9 ARP 응답 프로토콜 분석

6단계 마지막으로 패킷에서 **Ethernet II** 부분을 더블클릭하여 확장해 보자. ARP 요청 프로토콜과 ARP 응답 프로토콜이 달랐던 점과 마찬가지로 Ethernet 프로토콜도 목적지(Destination) 부분에 MAC 주소가 `ff:ff:ff:ff:ff:ff`가 아니라, 요청을 보냈던 장치의 MAC 주소가 작성되어 있다. 특정 MAC 주소가 작성되었으므로 모든 장치가 아닌 해당 장치에만 전송된다.

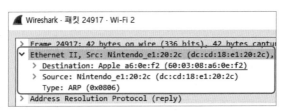

그림 5-10 Ethernet 프로토콜 분석

05-2 ARP 캐시 테이블

사람이 멀리 떨어진 컴퓨터와 통신하려고 IP 주소를 입력하면 MAC 주소로 경로상에 있는 네트워크 장치들을 하나씩 거쳐 간다고 했다. 이때 같은 네트워크에 있는 장치의 MAC 주소를 알 수 없으므로 ARP 프로토콜로 MAC 주소를 알아내는데, 통신할 때마다 ARP 요청 프로토콜을 보내고 응답 프로토콜을 받아서 MAC 주소를 알아내는 것은 아니다.

한 번 알아낸 MAC 주소는 목적지의 IP와 MAC 주소를 **ARP 캐시 테이블**^{ARP cache table}이라는 곳에 기록해 두고, 일정 시간 동안은 다시 MAC 주소를 알아내는 과정 없이 ARP 캐시 테이블에 있는 MAC 주소로 통신한다. ARP 캐시 테이블에 MAC 주소를 기록해 두는 시간은 운영체제의 종류마다 다른데, 윈도우 운영체제에서 기본값은 10분으로 설정되어 있다.

> **더 알아보기**
>
> **임시 저장소 캐시**
>
> 캐시(cache)는 컴퓨터에서 사용하는 임시 데이터 또는 이를 저장하는 곳으로, 주로 CPU와 메모리(RAM) 사이에 위치한다. 캐시는 L1(Level 1), L2(Level 2), L3(Level 3)과 같이 여러 계층으로 구성되며, CPU보다 느리지만 메모리보다는 빠르고, CPU보다 저장 공간이 크지만 메모리보다는 작다.
>
> 캐시에는 데이터나 명령어의 복사본을 저장함으로써 데이터 또는 명령어에 빠르게 접근할 수 있도록 한다. 하지만 하드 디스크처럼 데이터나 명령어를 영구적으로 저장하는 것은 아니므로 임시 저장소라고 한다. 또한 모든 캐시를 해당 저장소에 저장하는 것은 아니며, 사용하는 운영체제와 프로그램에 따라 메모리나 하드 디스크에 저장하기도 한다. ARP 캐시 테이블은 메모리에서 실행 중인 운영체제 부분에 저장된다.

Do it! 실습 ▶ ARP 캐시 테이블 확인하기

내 컴퓨터가 알아낸 다양한 장치의 MAC 주소가 저장된 ARP 캐시 테이블을 확인해 보자.

1단계 윈도우에서 명령 프롬프트를 실행하고 'arp -a'라는 명령어를 실행한다.

```
명령 프롬프트
C:\Users\easys>arp -a

인터페이스: 192.168.123.200 --- 0xc
  인터넷 주소           물리적 주소           유형
  192.168.123.1         80-ca-4b-56-d8-f9     동적
  192.168.123.21        74-3a-ef-f7-5a-92     동적
  192.168.123.103       dc-cd-18-e1-20-2c     동적
  192.168.123.255       ff-ff-ff-ff-ff-ff     정적
  224.0.0.22            01-00-5e-00-00-16     정적
  224.0.0.251           01-00-5e-00-00-fb     정적
  239.255.255.250       01-00-5e-7f-ff-fa     정적
```

그림 5-11 ARP 캐시 테이블 확인

출력 결과를 보면 인터넷 주소와 물리적 주소 그리고 유형을 확인할 수 있는데, 인터넷 주소는 IP 주소를 뜻하고 물리적 주소는 MAC 주소를 뜻한다. 유형에는 '동적' 또는 '정적'이 올 수 있는데, 동적은 ARP 요청 프로토콜을 보내고 응답 프로토콜을 받아서 캐시 테이블에 등록한 것을 의미하고, 정적은 컴퓨터나 사용자가 수동으로 추가했다는 의미이다.

동적으로 추가한 설정은 일정 시간 동안만 저장되고 이후에는 삭제되므로 해당 IP 주소와 통신하려면 ARP 요청 프로토콜로 MAC 주소를 다시 알아내야 한다. 하지만 정적으로 추가한 MAC 주소는 따로 삭제하지 않는 한 계속 유지되므로 다시 알아내는 과정이 필요하지 않다.

05-3 ARP 프로토콜의 통신 과정

지금까지 살펴본 것처럼 ARP 프로토콜을 이용하면 IP 주소만으로 MAC 주소를 알아낼 수 있다. 하지만 이때 주의할 점은 출발지 컴퓨터에 입력한 IP 주소는 목적지 컴퓨터의 IP 주소이지만, 실제 컴퓨터가 통신할 때는 한 번에 상대방 컴퓨터와 통신하지는 않는다는 것이다.

다음 그림은 A가 B와 통신할 때 ARP 프로토콜을 이용해서 MAC 주소를 알아내고 데이터를 주고받는 전체 과정을 나타낸 그림이다.

장치	번호	IP 주소	MAC 주소
A 컴퓨터	1	192.168.10.10	aa:aa:aa:aa:aa:aa
A 공유기	2	192.168.10.1	11:11:11:11:11:11
A 공유기	3	192.168.100.1	22:22:22:22:22:22
라우터	4	192.168.100.2	33:33:33:33:33:33
라우터	5	192.168.200.1	44:44:44:44:44:44
B 공유기	6	192.168.200.2	55:55:55:55:55:55
B 공유기	7	192.168.20.1	66:66:66:66:66:66
B 컴퓨터	8	192.168.20.20	bb:bb:bb:bb:bb:bb

그림 5-12 A와 B 컴퓨터의 전체 통신 과정

그림과 같은 네트워크 상황에서 A 컴퓨터와 B 컴퓨터가 통신한다면 A에는 B 컴퓨터의 IP 주소(그림에서 192.168.20.20)를 입력할 것이다. 이때 A는 B에게 데이터를 보내려고 패킷을 캡슐화하는데, 02장에서 패킷을 캡슐화했던 것처럼 A와 B는 서로 특정 프로그램을 이용해서 통신할 것이므로 TCP를 캡슐화하고, A와 B는 멀리 떨어져 있어서 서로의 컴퓨터를 찾아가기 위해 IPv4를 캡슐화할 것이다. 그후 경로상의 여러 LAN에서 같은 LAN에 있는 다른 장치를 통해 가야 하므로 Ethernet 프로토콜까지 캡슐화한다.

Ethernet 프로토콜을 작성하려면 목적지 MAC 주소를 알아야 한다. A는 집의 공유기를 이용해 B와 통신하므로 공유기의 MAC 주소를 알아내려고 ARP 요청 프로토콜을 보낸다. 요청을 받은 공유기는 자신의 MAC 주소(그림에서 11:11:11:11:11:11)를 A 컴퓨터에 ARP 응답 프로토콜로 알려 준다.

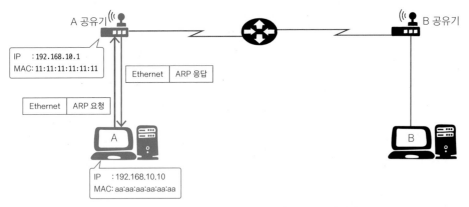

그림 5-13 A 컴퓨터와 A 집 공유기의 ARP 요청과 응답

이렇게 공유기의 MAC 주소를 알아낸 A 컴퓨터는 다음 그림처럼 패킷을 완성한다. 패킷에는 IPv4 프로토콜에 출발지(A 컴퓨터)와 목적지(B 컴퓨터)의 IP 주소를 작성한다. 그리고 Ethernet 프로토콜에서 목적지 MAC 주소로는 B 컴퓨터의 MAC 주소가 아니라 A 컴퓨터가 연결된 공유기의 MAC 주소(그림에서 **11:11:11:11:11:11**)를 작성한다.

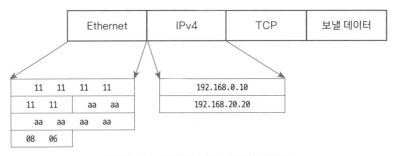

그림 5-14 A 컴퓨터가 A 집 공유기에 보낼 패킷

A 컴퓨터는 이렇게 완성한 패킷을 공유기에 보낸다. 해당 패킷을 받은 공유기는 Ethernet 프로토콜에서 목적지 MAC 주소가 자신에 해당하므로 IPv4 프로토콜까지 확인한다. 하지만 목적지 IP 주소(그림에서 **192.168.20.20**)는 자신이 아니므로 새로운 Ethernet 프로토콜을 작성해 옆 네트워크 장치로 패킷을 보낸다.

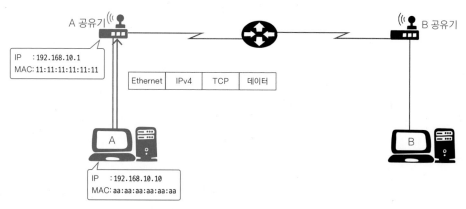

그림 5-15 A 컴퓨터가 A 집 공유기에 패킷 전송

최종 목적지인 B 컴퓨터까지 패킷을 전달하기 위해 옆 네트워크 장치에 패킷을 캡슐화하여 전달한다. 캡슐화에 필요한 Ethernet 프로토콜을 작성할 때 목적지 MAC 주소를 알아야 하므로 ARP 요청 프로토콜을 옆 네트워크 장치에 보내고 ARP 응답 프로토콜을 받는다.

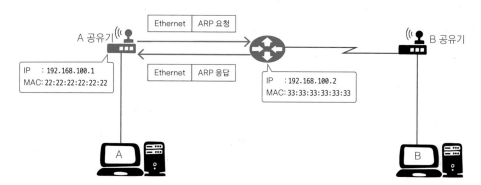

그림 5-16 A 집 공유기와 라우터의 ARP 요청과 응답

옆 네트워크 장치의 MAC 주소를 알아낸 공유기는 다음 그림처럼 패킷을 완성한다. IPv4 프로토콜은 따로 수정하지 않고 Ethernet 프로토콜만 새로 알아낸 옆 네트워크 장치의 MAC 주소를 목적지 MAC 주소(그림에서 **33:33:33:33:33:33**)로 작성하고, 자신의 MAC 주소를 출발지 MAC 주소로 작성한다.

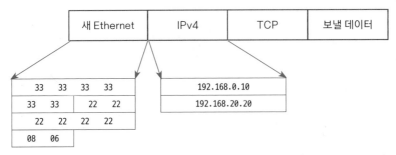

| 새 Ethernet | IPv4 | TCP | 보낼 데이터 |

33	33	33	33
33	33	22	22
22	22	22	22
08	06		

192.168.0.10
192.168.20.20

그림 5-17 A 집 공유기가 라우터에 보낼 패킷

이렇게 완성한 패킷을 옆 네트워크 장치에게 전달하고 이러한 과정을 최종 목적지인 B 컴퓨
터까지 경로상에 있는 모든 장치에 반복한다.

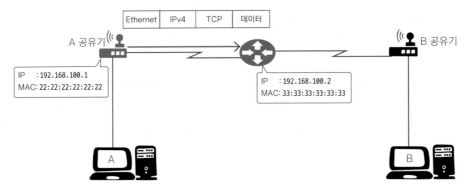

| Ethernet | IPv4 | TCP | 데이터 |

A 공유기

IP : 192.168.100.1
MAC: 22:22:22:22:22:22

IP : 192.168.100.2
MAC: 33:33:33:33:33:33

B 공유기

A

B

그림 5-18 A 집 공유기가 라우터에 패킷 전송

되 | 새 | 김 | 문 | 제

지금까지 배운 내용을 활용해 문제를 해결해 보세요!

▶ 정답: 244~245쪽

문제 01 ARP 프로토콜을 이용해서 상대방에게 MAC 주소를 알려 달라고 요청할 때 ARP 프로토콜의 오퍼레이션 코드에는 어떤 값을 작성하는가?

문제 02 ARP 요청 프로토콜을 받아서 MAC 주소를 알려 주려고 할 때 ARP 응답 프로토콜의 오퍼레이션 코드에는 어떤 값을 작성하는가?

문제 03 통신할 때마다 ARP 프로토콜로 MAC 주소를 알아내는 과정을 반복하지 않기 위해 한 번 얻은 MAC 주소를 잠시 저장해 두는 테이블의 이름은 무엇인가?

06

광역 통신 방법

04장에서 라우팅은 IP 주소로 멀리 떨어진 곳을 찾아갈 때 더 좋은 경로로 갈 수 있게 해주는 기능이라고 했다. 이번 장에서는 컴퓨터나 네트워크 장치가 목적지의 IP 주소를 IPv4 프로토콜에 어떻게 작성하고 경로를 찾아가는지 알아본다. 더불어 IPv4 프로토콜의 추가 기능도 살펴보면서 멀리 떨어진 컴퓨터끼리 데이터를 주고받는 광역 통신 과정을 자세히 알아본다. 그리고 3계층 프로토콜인 ICMP 프로토콜로 통신해 보는 실습도 진행한다.

06-1 IPv4 프로토콜

06-2 ICMP 프로토콜

06-3 라우팅 테이블

06-4 멀리 떨어진 컴퓨터와 통신하는 과정

06-5 IPv4 패킷 조각화

핵심 키워드

IPv4 · ICMP(internet control message protocol) · 라우팅 테이블

IPv4 패킷 조각화 · TTL(time to live) · MTU(maximum transmission unit)

06-1 IPv4 프로토콜

IPv4 프로토콜은 이름에서도 알 수 있듯이 IPv4 주소를 작성하는 양식이다. 하지만 단순히 멀리 떨어진 경로를 찾아갈 목적으로 출발지와 목적지의 IP 주소만 작성하는 것은 아니다. IPv4 프로토콜에는 큰 데이터를 잘라서 보내거나 경로가 잘못 설정되었을 때를 대비할 수 있는 기능이 있다. 또한 IPv4 프로토콜 자체에 문제가 없는지 확인하는 기능도 있다.

IPv4 프로토콜의 구조

먼저 IPv4 프로토콜의 구조를 살펴보면 다음 그림과 같다.

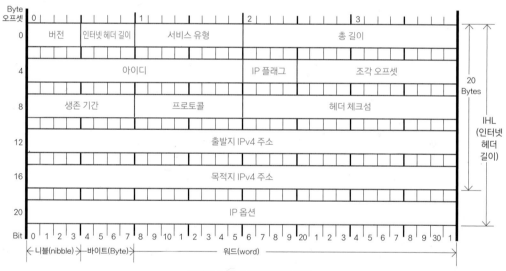

그림 6-1 IPv4 프로토콜의 구조

IP 옵션[IP opntion]은 필요할 때 추가할 수 있는 정보로, 일반적으로 많이 사용되지 않는다. 정보가 추가될 때마다 4bytes의 내용이 추가된다.

버전[version]은 IP 프로토콜의 버전을 나타내며 4라고 작성한다. 필드가 4bits이므로 16진수 값 하나를 작성한다.

인터넷 헤더 길이^{internet header length}(IHL)는 IPv4 프로토콜의 길이를 의미한다. IPv4 프로토콜은 옵션을 제외하면 총 20bytes이지만, 버전과 마찬가지로 필드가 4bits이므로 16진수 값 하나만 작성한다. 따라서 이곳에는 실제 프로토콜의 길이를 4로 나눠서 작성한다. 즉, 20 / 4 = 5이므로 5를 작성한다.

서비스 유형^{type of service}(TOS)은 차등화 서비스 필드^{differentiated services field}라고도 하며, 패킷의 QoS^{quality of service}를 향상시키고 트래픽을 효율적으로 관리할 목적으로 사용한다. 예를 들어 패킷이 실시간 오디오나 비디오 스트리밍처럼 시간에 민감한 애플리케이션에 의해 생성된 경우, 해당 패킷에 대한 우선순위를 높일 수 있다. 하지만 특정 네트워크 장치에서만 사용하고 일반적으로 컴퓨터에서는 사용하지 않는다. 그래서 컴퓨터로 IPv4 패킷을 캡처해 보면 0x00으로 비어 있다.

총 길이^{total length}*는 데이터와 상위 프로토콜, IPv4 프로토콜까지 모두 합한 크기를 의미한다.

아이디^{Identification}*는 여러 개로 나눠서 보내는 데이터들이 원래는 하나의 데이터라는 것을 구분하기 위해 각 데이터 앞에 캡슐화하는 IPv4 프로토콜이 모두 같은 아이디를 가지도록 설정하는 값이다.

IP 플래그^{IP flags}*는 3bits로 되어 있고 두 번째 비트에 값을 1로 설정하면 큰 데이터를 통째로 보내고, 세 번째 비트에 값을 1로 설정하면 큰 데이터를 조금씩 잘라서 보낸다. 첫 번째 비트는 사용하지 않으므로 항상 0이다.

조각 오프셋^{fragment offset}*은 큰 데이터를 잘라서 보낼 때 여러 개로 나뉜 데이터의 순서를 나타낸다. 데이터를 받는 쪽에서는 이 값을 참고해 다시 원래대로 조립한다. 정확히 순서 번호를 의미하기보다는 맨 처음 데이터에서 얼만큼 떨어진 곳에 있는 데이터인지를 의미한다. 해당 값을 8로 나눈 값을 작성한다.

> * 총 길이, 아이디, IP 플래그, 조각 오프셋은 큰 데이터를 작은 데이터로 나눠서 보낼 때 사용하는 기능이다. 이러한 기능을 조각화라고 한다. 조각화 과정은 06-5절에서 자세히 알아본다.

생존 기간^{time to live}(TTL)은 패킷이 네트워크에서 살아남을 수 있는 시간을 의미한다. 패킷이 한 네트워크에서 다른 네트워크로 넘어갈 때 TTL을 1씩 감소하면서 0으로 되는 순간 패킷을 폐기한다. 이는 패킷이 네트워크에서 영원히 떠돌아다니는 것을 방지하기 위한 것이다. 운영체제의 종류에 따라 다른 값이 설정되는데 윈도우는 128, 리눅스는 64가 기본값이다.

프로토콜^{protocol}은 IPv4 프로토콜 다음에 역캡슐화해야 하는 프로토콜이 무엇인지 작성해 두는 곳이다. 03장에서 살펴본 Ethernet 프로토콜이 상위 프로토콜의 유형을 알려 주는 것과 같다. IPv4 프로토콜 다음에는 같은 3계층인 ICMP, 4계층인 TCP, UDP가 올 수 있는데 ICMP는 1이고 TCP, UDP는 각각 6과 17로 설정된다.

헤더 체크섬^{header checksum}은 패킷을 전달받은 곳에서 IPv4 프로토콜이 문제가 없는지 확인하는 부분이다.

마지막으로 **출발지 IPv4**와 **목적지 IPv4** 주소를 작성하면 IPv4 프로토콜이 완성된다.

지금까지 살펴본 IPv4 프로토콜의 구조를 기능별로 정리하면 다음 표와 같다.

표 6-1 IPv4 프로토콜 기능별 분류

필드	기능
버전 인터넷 헤더 길이 서비스 유형	일반적으로 0x4500으로 고정됨
총 길이 아이디 IP 플래그 조각 오프셋	큰 데이터를 작게 나눠서 보내는 기능
프로토콜	상위 프로토콜의 종류를 지정, ICMP(1), UDP(6), TCP(17)
생존 기간	패킷이 네트워크에 영원히 돌아다니지 못하게 하는 기능
헤더 체크섬	프로토콜을 잘 받았는지 확인하는 기능
출발지 IPv4 목적지 IPv4	출발지와 목적지의 IP 주소
IP 옵션	추가 기능 지정

IPv4 프로토콜의 TTL(생존 시간)

IPv4 프로토콜의 TTL^{time to live}은 라우터나 공유기 같은 네트워크 장치를 통해 하나의 LAN을 넘어갈 때마다 1씩 줄어드는 값으로, 0이 되면 더 이상 다음 LAN으로 전송하지 않고 패킷을 폐기할 수 있도록 설정하는 값이다.

만약 TTL이 없다면 어떤 문제가 생기는지 알아보자. 다음 그림처럼 A가 B에게 패킷을 전송할 때 네트워크 장비가 잘못 설정되어 패킷이 계속 순환하는 상태가 된다면 해당 패킷은 영원히 B에게 전달되지 않는다. 그리고 A는 B에게 잘 받았다는 응답을 받지 못했으므로 다시 패킷을 전송하고 이런 패킷은 점점 쌓여 해당 패킷을 처리하는 네트워크 장치들의 CPU나 메모리 같은 자원을 소모하게 된다.

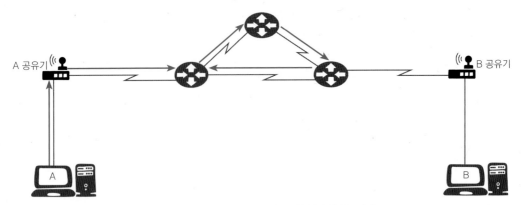

그림 6-2 잘못된 장비 설정으로 인해 영원히 순환하는 패킷

TTL은 이러한 상황을 막기 위해 패킷이 다른 LAN으로 넘어갈 때마다 생명력을 감소시켜 언젠가는 네트워크에서 사라지게 해준다.

06-2 ICMP 프로토콜

ICMP^internet control message protocol^는 IPv4와 마찬가지로 3계층이며 IPv4를 이용해 멀리 떨어진 컴퓨터끼리 통신이 잘 되는지 확인하고 안 된다면 원인을 파악할 수 있게 도와 주는 인터넷 제어 메시지 프로토콜이다. 개발자나 엔지니어들도 프로그램이나 서버가 제대로 통신하는지 확인할 때 ICMP를 활용한다.

ICMP의 구조

ICMP는 유형^type^, 코드^code^, 체크섬^cheksum^ 그리고 기타 메시지 관련 정보로 구성되어 있다. 기타 메시지 관련 정보는 ICMP를 사용하는 프로그램마다 다르다. 예를 들어 ICMP를 사용하는 대표적인 명령어인 `ping`은 기타 메시지 관련 정보에 식별자와 순서 번호가 작성된다.

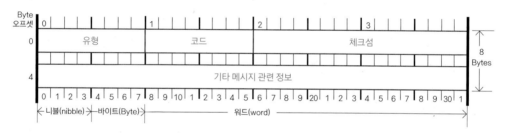

그림 6-3 ICMP의 구조

ICMP는 통신할 대상에 요청 프로토콜을 보내고 응답 프로토콜을 받아서 통신을 확인한다. 이때 응답에 따라 통신이 정상으로 이뤄졌는지를 구분하는데, 유형값으로 큰 내용을 구분하고 코드값으로 좀 더 자세한 내용을 확인할 수 있다.

유형과 코드에 작성할 수 있는 값은 다양하지만 프로그램을 개발하거나 서버를 설정할 때는 다음 표와 같은 유형값만 알아도 대부분의 문제를 파악할 수 있다.

표 6-2 ICMP의 유형별 내용

유형	내용
8	ICMP로 통신 확인 요청
0	ICMP로 통신 확인 응답
3	목적지에 도착 불가능
11	목적지에 도착했지만 응답 시간 초과

8과 0은 정상 요청과 정상 응답으로 8을 보내고 0을 받았다면 통신이 정상으로 가능하다는 의미이다. 하지만 8로 요청을 보내고 3이나 11로 응답을 받았다면 무언가 문제가 있는 상황이다.

응답이 3이면 보낸 패킷이 목적지까지 정상으로 도착하지 못했다는 의미이다. 일반적으로 내 컴퓨터의 IP 주소 설정이 잘못되었거나 인터넷에 연결되어 있지 않거나 목적지의 주소를 잘 못 입력했을 때에 3을 응답받는다.

응답이 11이면 패킷이 목적지까지 정상으로 찾아갔지만, 응답을 받지 못한 상황이다. 가장 일반적으로 방화벽에 차단된 경우이다. 윈도우에서는 일반적으로 네트워크 방화벽이 ICMP 를 차단하므로 ICMP 통신을 확인하려면 패킷을 받는 쪽 컴퓨터의 방화벽을 해제하거나 방화벽에서 ICMP 프로토콜을 허용해 주어야 한다.

Do it! 실습 ▶ IPv4와 ICMP 프로토콜 분석하기

이번에는 ICMP를 사용하는 ping이라는 명령어로 멀리 떨어진 컴퓨터와 통신해 보고 이때 사용하는 IPv4와 ICMP을 확인해 보자.

1단계 와이어샤크를 실행하고 통신 중인 네트워크 장치를 더블클릭해 패킷을 캡처한다.

2단계 명령 프롬프트를 열고 'ping 8.8.8.8'이라는 명령어를 입력한다. 컴퓨터가 현재 인터넷이 가능한 상태이면 결과가 다음 그림처럼 출력된다.

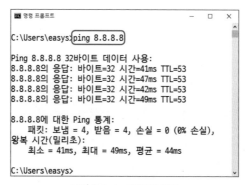

그림 6-4 ping 명령어 실행

8.8.8.8은 미국에 있는 구글의 서버 가운데에 하나를 가리키는 주소이다. 요청 패킷을 총 4번 보내고 똑같이 4번 응답받았으므로 손실은 0이다. 즉, 4번 모두 정상으로 통신했다는 의미이다.

3단계 다시 와이어샤크로 돌아가서 필터 부분을 클릭하고 'icmp'를 입력한 후 Enter 를 누른다.

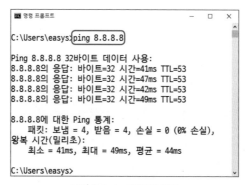

그림 6-5 필터링된 icmp 패킷

와이어샤크로 패킷을 캡처하면서 **ping** 명령어로 통신했으므로 주고받은 패킷을 와이어샤크로 확인할 수 있다. ICMP로 필터링된 패킷은 총 8개를 확인할 수 있는데 이는 앞서 [2단계]에서 확인한 4번의 요청과 응답을 나타낸다.

4단계 ICMP로 필터링된 패킷에서 제일 처음 보낸 패킷(맨 위)을 더블 클릭해 요청을 확인해 보자.

패킷의 내용을 살펴보면 **ping** 명령어는 알파벳 데이터를 ICMP, IPv4, Ethernet으로 캡슐화해서 보낸 것을 확인할 수 있다. 이 가운데에 **Internet Control Message Protocol** 부분을 확장해 보면 ICMP를 자세히 확인할 수 있다. 유형값이 8이므로 ICMP 요청임을 알 수 있다. 그리고 기타 메시지 정보로 ping 명령어가 사용한 식별자(Identifier)와 순서 번호(Sequence Number)를 확인할 수 있다.

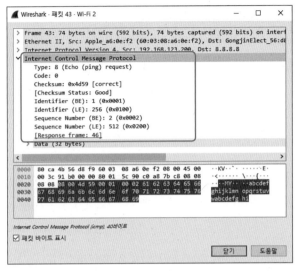

그림 6-6 ICMP 요청 프로토콜 분석

5단계　이번에는 Internet Protocol Version 4를 더블클릭해서 IPv4 프로토콜을 자세히 확인해 보자.

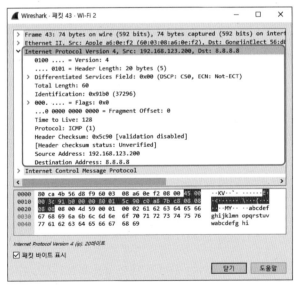

그림 6-7 IPv4 프로토콜 분석

먼저 버전과 헤더 길이는 45로 설정된 것을 확인할 수 있다. 차등화 서비스 필드(Differ entiated Services Filed)는 00으로 설정되었고, 총 길이(Total Length)는 60이다. `ping` 명 령어가 보낸 알파벳 데이터가 총 32글자이고 1글자당 1bytes이므로 총 32bytes이다. 여기 에 ICMP 8bytes를 캡슐화하고 IPv4 20bytes까지 총 60bytes이다.

아이디(Identification)에는 보내는 데이터 하나에 값 하나가 설정되는데, 이는 운영체제가 랜덤한 값으로 설정한다. `ping` 명령어로 큰 데이터를 보내지 않았고 조각화도 없었으므로 플 래그(Flags)와 조각 오프셋(Fragment Offset)은 모두 0이다.

TTL(Time to Live)은 필자의 실습 환경이 윈도우 10이어서 128로 설정된 것을 볼 수 있다. 프로토콜(Protocol)에는 현재 상위 프로토콜로 ICMP가 캡슐화되었으므로 1이 설정되었고, 헤더의 체크섬(Header checksum)은 사용하지 않아서 0으로 설정되었다. 그리고 출발지 주 소에는 내 컴퓨터의 IPv4가, 목적지 주소에는 `ping` 명령어로 입력한 **8.8.8.8**이 오는 것을 확 인할 수 있다.

6단계 다음으로 응답받은 패킷을 확인해 보자. ICMP로 필터링된 패킷 가운데 2번째 패킷 을 더블클릭한다.

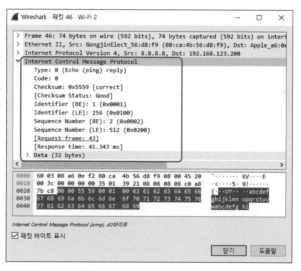

그림 6-8 ICMP 응답 프로토콜 분석

패킷을 확인해 보면 요청 때와 똑같은 알파벳 데이터를 ICMP로 캡슐화하고 IPv4로 다시 캡 슐화한 후 Ethernet으로 캡처한 패킷을 받았다. ICMP를 자세히 보면 타입이 0이므로 응답을 정상으로 받았음을 알 수 있다.

7단계　마찬가지로 Internet Protocol Version 4를 더블클릭해서 IPv4 프로토콜을 자세히 확인해 보자.

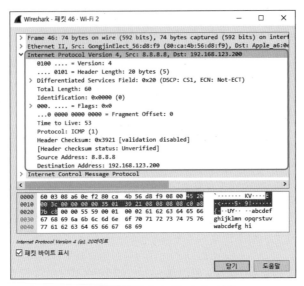

그림 6-9 응답 패킷의 IPv4 프로토콜 분석

버전, 헤더 길이, 차등화 서비스 필드, 총 길이, 플래그, 조각 오프셋, 프로토콜 등은 요청 패킷과 차이가 없다. 아이디는 응답을 보낸 구글 서버 컴퓨터의 운영체제가 랜덤하게 생성한 번호이다.

여기서 흥미로운 점은 TTL인데, 구글 서버의 운영체제는 아마도 리눅스라고 예측해 볼 수 있다. 왜냐하면 인터넷은 아무리 먼 곳이어도 최대 16개의 네트워크를 거치면 연결되는데, TTL 값이 57이므로 16을 더해도 윈도우 기본 TTL값인 128에는 한참 못미친다. 따라서 리눅스 기본 TTL값인 64에서 7개의 네트워크를 건너온 것으로 예측할 수 있다.

그리고 출발지 주소는 구글 서버 컴퓨터의 IP 주소인 **8.8.8.8**이고, 목적지 주소는 내 컴퓨터에 설정된 IPv4이다.

더 알아보기

ICMP로 네트워크 상태를 진단하는 방법

만약 인터넷이 안 된다면 어떤 이유 때문일까? 인터넷이 안 되는 이유는 매우 다양하다. 내 컴퓨터에 IP 주소가 제대로 설정되지 않았거나 랜선이 제대로 연결되지 않았거나 공유기가 고장났거나 아니면 이용 중인 통신사에 문제가 생겼을 수도 있다.

이때 ICMP를 이용하면 네트워크 상태를 진단해 볼 수 있다. 내 컴퓨터가 인터넷에 있는 다른 컴퓨터와 통신하려면 가까이 연결된 장치부터 먼 곳으로 패킷을 보내야 하는데, ICMP로 통신하면서 어디까지 통신이 되는지 확인해 보면 문제가 있는 지점을 파악할 수 있다.

ICMP로 통신 확인하기

먼저 내 컴퓨터에서 ping 명령어를 실행해서 통신이 제대로 안 되면 내 컴퓨터의 IP 주소 설정이나 다른 문제가 있는 것이다. 내 컴퓨터와 통신이 잘 된다면 내 컴퓨터는 문제가 없는 것이므로 한 단계 먼 곳으로 다시 ping 테스트를 진행해 본다.

일반적으로 공유기나 게이트웨이 주소로 통신해 보고 안 된다면 내 컴퓨터와 연결된 네트워크 장치 고장, 랜선 고장, 아니면 랜선 접속 불량을 의심해 볼 수 있다. 하지만 여기까지 통신이 된다면 그다음부터는 인터넷에 연결해 주는 통신사가 관리하는 영역이므로 통신사에 문의해야 한다.

06-3 라우팅 테이블

라우팅 테이블routing table은 IP 주소로 통신하는 컴퓨터나 네트워크 장치들이 모두 가지고 있는 것으로, 목적지의 IP 주소를 찾아갈 때에 어떤 경로로 가야 하는지 작성된 표이다.

내 컴퓨터나 네트워크 장치에 직접 연결된 네트워크 장치는 통신 경로가 라우팅 테이블에 자동으로 설정된다. 따라서 특별한 설정을 하지 않아도 통신이 가능하다. 하지만 내 컴퓨터와 직접 연결되지 않은 네트워크 장치와 통신하는 경로는 수동으로 추가해 줘야 한다.

그런데 전 세계에 있는 모든 네트워크 장치를 대상으로 통신 경로를 하나하나 수동으로 추가하는 것은 불가능에 가깝다. 그래서 각 네트워크의 출입문 역할을 하는 게이트웨이 주소gateway address를 사용한다. 기본 게이트웨이는 라우팅 테이블에 존재하지 않는 경로일 때 어디로 가야 할지를 설정한 주소이다.

예를 들어 다음 그림을 보면 가운데 있는 라우터는 A와 B, C 라우터와 직접 연결되어 있으므로 라우팅 테이블에 `10.10.10.0`, `20.20.20.0`, `30.30.30.0` 대역이 등록되어 있다. 하지만 D나 E 라우터와는 직접 연결되어 있지 않으므로 `40.40.40.0`, `50.50.50.0` 대역은 라우팅 테이블에 등록되어 있지 않다.

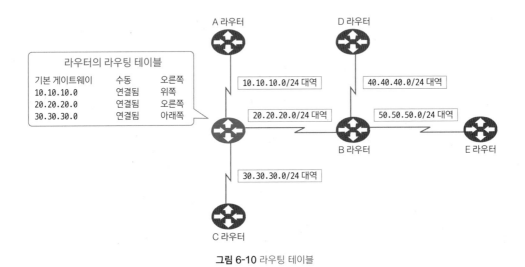

그림 6-10 라우팅 테이블

경로(목적지 IP 주소의 대역)가 라우팅 테이블에 등록되어 있지 않으면 통신할 수 없다. 통신 경로는 라우팅 테이블에 수동으로 직접 등록할 수도 있지만, 인터넷에는 수많은 라우터와 컴퓨터가 존재하므로 하나하나 추가할 수는 없다. 그래서 기본 게이트웨이를 설정함으로써 나머지 네트워크 대역도 찾아갈 수 있도록 해준다.

Do it! 실습 ▶ 라우팅 테이블 확인하기

내 컴퓨터의 라우팅 테이블을 확인하고 특정 목적지의 IP 주소와 통신할 때 어떤 경로로 가도록 설정되었는지 확인해 보자.

1단계 명령 프롬프트를 열고 'netstat -r' 명령어를 실행해 보자.

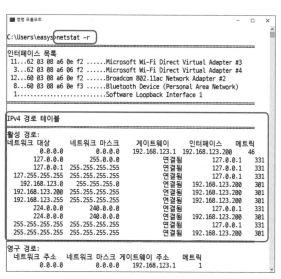

그림 6-11 netstat -r 명령어로 확인한 라우팅 테이블

출력 결과에서 [IPv4 경로 테이블]을 보자. IPv4 경로 테이블에 [활성 경로]가 현재 내 컴퓨터의 라우팅 테이블이다. '네트워크 대상'과 '네트워크 마스크'는 목적지 IP 주소의 대역을 나타내는 값이고, '인터페이스'는 해당 목적지와 통신할 때 가야 할 내 컴퓨터의 출구이다. 그리고 '게이트웨이'는 해당 목적지와 통신할 때 가야 할 내 컴퓨터와 연결된 다른 네트워크 장치의 입구이다.

게이트웨이 부분에 '연결됨'이라는 표시는 내 컴퓨터 자체에 연결되었음을 의미하고, IP 주소가 표시되어 있다면 랜선으로 연결되어 있음을 의미한다.

특정 목적지의 IP 주소로 통신할 때 인터페이스에 표시된 출구를 통해 게이트웨이에 표시된 쪽으로 패킷을 보내는데, 여기서 말하는 게이트웨이는 IP 주소를 할당할 때 설정한 기본 게이트웨이가 아니다. 기본 게이트웨이와 관련된 내용은 라우팅 테이블에서 첫 번째 줄로, 네트워크 대상과 네트워크 마스크가 모두 0.0.0.0인 경로이다.

```
IPv4 경로 테이블
===========================================================================
활성 경로:
네트워크 대상          네트워크 마스크          게이트웨이          인터페이스      메트릭
     0.0.0.0              0.0.0.0      192.168.123.1   192.168.123.200      36
   127.0.0.0            255.0.0.0              연결됨         127.0.0.1     331
   127.0.0.1      255.255.255.255              연결됨         127.0.0.1     331
127.255.255.255    255.255.255.255              연결됨         127.0.0.1     331
 192.168.123.0      255.255.255.0              연결됨   192.168.123.200     291
192.168.123.200    255.255.255.255              연결됨   192.168.123.200     291
192.168.123.255    255.255.255.255              연결됨   192.168.123.200     291
     224.0.0.0            240.0.0.0              연결됨         127.0.0.1     331
     224.0.0.0            240.0.0.0              연결됨   192.168.123.200     291
255.255.255.255    255.255.255.255              연결됨         127.0.0.1     331
255.255.255.255    255.255.255.255              연결됨   192.168.123.200     291
===========================================================================
```

그림 6-12 라우팅 테이블

네트워크 대상과 네트워크 마스크가 모두 0.0.0.0이므로 어떤 IP든지 해당 인터페이스(192.168.123.200)로 나가서 게이트웨이(192.168.123.1)로 가라는 의미이다. 단, 라우팅 테이블에 설정된 경로를 제외한 경로에만 해당한다.

라우팅 테이블에서 두 번째 경로를 분석해 보면 네트워크 대상은 127.0.0.0, 네트워크 마스크는 255.0.0.0이다. 이것은 현재 컴퓨터에서 127.으로 시작하는 모든 IP 주소는 이 경로로 통신하라는 의미이다. 해당 경로의 인터페이스는 127.0.0.1이고 게이트웨이가 '연결됨'이므로 내 컴퓨터에서 127.0.0.1을 사용하는 네트워크 장치로 패킷을 보내면 되는데 그 장치는 내 컴퓨터 자체이다.

06-4 멀리 떨어진 컴퓨터와 통신하는 과정

지금까지 배운 Ethernet, ARP, IP, ICMP를 사용해 멀리 떨어진 컴퓨터와 통신하는 전체 과정을 알아보자.

먼저 다음 그림과 같은 네트워크 상황에서 A 컴퓨터가 'ping 192.168.20.20' 명령어로 B 컴퓨터와 데이터를 주고받는 통신을 한다고 해보자.

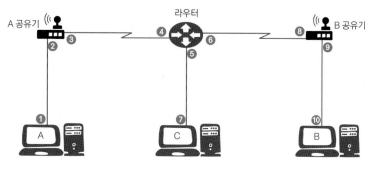

번호	장치	IP 주소	MAC 주소
1	A 컴퓨터	192.168.10.10	aa:aa:aa:aa:aa:aa
2	A 공유기	192.168.10.1	11:11:11:11:11:11
3	A 공유기	192.168.100.1	22:22:22:22:22:22
4	라우터	192.168.100.2	33:33:33:33:33:33
5	라우터	192.168.30.1	77:77:77:77:77:77
6	라우터	192.168.200.1	44:44:44:44:44:44
7	C 컴퓨터	192.168.30.30	cc:cc:cc:cc:cc:cc
8	B 공유기	192.168.200.2	55:55:55:55:55:55
9	B 공유기	192.168.20.1	66:66:66:66:66:66
10	B 컴퓨터	192.168.20.20	bb:bb:bb:bb:bb:bb

그림 6-13 멀리 떨어진 컴퓨터와 통신 과정

A 컴퓨터는 가장 먼저 자신의 라우팅 테이블을 확인한다. A 컴퓨터의 라우팅 테이블에는 자신이 연결된 네트워크 대역과 기본 게이트웨이만 추가되어 있다. 이 가운데 목적지인 192.168.20.20에 해당하는 경로는 기본 게이트웨이인 0.0.0.0뿐이다. 따라서 A 컴퓨터는 패킷을 만들어 192.168.10.1 IP를 사용하는 A 집 공유기에 송신 요청을 보낸다.

A 공유기

A의 라우팅 테이블
```
0.0.0.0 → 192.168.10.1
192.168.10.0/24 → 192.168.10.1
```

그림 6-14 A의 라우팅 테이블

이때 A 집 공유기의 MAC 주소로 Ethernet 프로토콜을 만들어 보내야 하므로 ARP 캐시 테이블을 확인한다. 하지만 일정 시간 동안 A 컴퓨터가 공유기와 통신하지 않았다면 ARP 캐시 테이블에는 공유기의 MAC 주소가 없을 것이다. 그러면 ARP 요청 프로토콜을 만들어서 브로드캐스트로 보내고, 공유기로부터 ARP 응답 프로토콜을 받아서 ARP 캐시 테이블을 갱신한다.

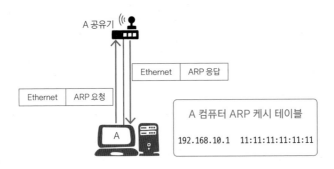

A 공유기

| Ethernet | ARP 응답 |

| Ethernet | ARP 요청 |

A 컴퓨터 ARP 케시 테이블

```
192.168.10.1   11:11:11:11:11:11
```

그림 6-15 A 컴퓨터의 ARP 캐시 테이블 갱신

이제 A 집 공유기의 MAC 주소를 알았으므로 'ICMP 요청 → IPv4 → Ethernet 프로토콜' 순으로 캡슐화하여 패킷을 완성한다. 이 패킷은 요청을 보내는 것이므로 ICMP 프로토콜의 유형값은 8이다.

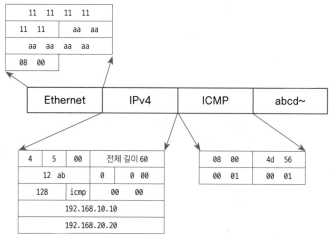

11	11	11	11	
11	11		aa	aa
aa	aa	aa	aa	
08	00			

Ethernet	IPv4	ICMP	abcd~

4	5	00	전체 길이 60
12 ab		0	0 00
128	icmp	00	00
192.168.10.10			
192.168.20.20			

08	00	4d	56
00	01	00	01

그림 6-16 A 컴퓨터가 A 공유기에 보내는 ICMP 요청 패킷

IPv4 프로토콜은 전체 길이 60, TTL은 A 컴퓨터의 운영체제가 윈도우라고 했을 때 128이 설정된다. 그리고 출발지 IP 주소는 A 컴퓨터의 IP, 목적지 IP 주소는 B 컴퓨터의 IP로 설정된다. Ethernet 프로토콜에서 목적지 MAC 주소는 A 집 공유기의 MAC, 출발지 MAC 주소는 A 컴퓨터의 MAC 주소가 설정된다.

이렇게 완성한 패킷은 먼저 Ethernet 프로토콜로 A 집 공유기에 보내고 해당 패킷을 받은 공유기는 역캡슐화하면서 확인한다.

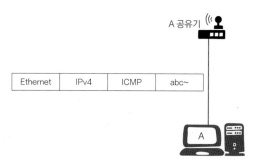

그림 6-17 통신 과정

A 공유기는 A 컴퓨터가 보낸 패킷에서 Ethernet 프로토콜의 목적지는 자신이 맞지만, IPv4 프로토콜을 확인했을 때 목적지 IP가 자신이 아니므로 A 컴퓨터가 했던 과정을 똑같이 수행한다. 먼저 목적지 IP 주소에 해당하는 경로를 자신의 라우팅 테이블에서 찾는다.

A 집 공유기의 라우팅 테이블에서 최종 목적지인 B 컴퓨터의 IP 주소 192.168.20.20에 해당하는 경로는 기본 게이트웨이뿐이다. 따라서 A 집 공유기는 현재 패킷을 192.168.100.2 IP 주소를 사용하는 옆 네트워크 장치에 보낸다.

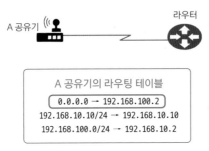

그림 6-18 A 집 공유기의 라우팅 테이블

이러한 과정을 반복하면서 최종 목적지인 B 컴퓨터까지 패킷이 도착하면 B 컴퓨터는 'ICMP 응답 → IPv4 → Ethernet 프로토콜'을 캡슐화한다. 그리고 패킷을 전달받은 과정과 반대로 A 컴퓨터에 응답한다. 해당 패킷을 확인한 A 컴퓨터는 B 컴퓨터와 정상으로 통신이 가능하다는 것을 확인할 수 있다.

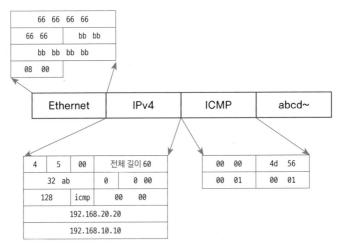

그림 6-19 B 컴퓨터가 A 컴퓨터에 보내는 응답 패킷

06-5 IPv4 패킷 조각화

IPv4 프로토콜은 단순히 패킷의 목적지를 찾아가는 기능만 있는 것은 아니다. TTL이나 체크섬 같은 부가 기능도 있다. 그중에는 큰 데이터를 작게 나눠서 보내는 패킷 조각화 기능도 있다. 패킷을 조각화하는 이유는 단지 오류가 발생했을 때 큰 데이터를 다시 보내기 힘들어서만은 아니다.

네트워크 장비들마다 한 번에 전송할 수 있는 데이터의 최대 크기가 있는데, 이를 **최대 전송 단위**maximum transfer unit(MTU)라고 한다. 만약 데이터의 크기가 MTU를 초과하면 작은 패킷으로 나눠서 전송한다.

일반적으로 네트워크 장치의 MTU는 1,500bytes로 설정되어 있다. 따라서 1,500bytes 이상의 데이터는 조각화해서 보내야 한다. 그런데 패킷을 조각화해야 할지 판단하는 것은 IPv4 프로토콜이 캡슐화되고 Ethernet 프로토콜이 캡슐화되기 전이다. 즉, 네트워크 장치가 IPv4 프로토콜을 캡슐화하고 나서 송수신할 데이터가 MTU 이상의 크기이면 조각화한다.

따라서 큰 데이터를 주고받는 통신을 한다면 캡슐화할 프로토콜의 크기까지 고려해야 한다. 예를 들어 `ping` 명령어로 ICMP 프로토콜을 이용해 2,000bytes의 데이터를 주고받으면서 통신을 확인한다고 생각해 보자. 네트워크 장치의 MTU에 따라 패킷의 크기가 1,500bytes를 넘으면 안 되므로 실제로 보내는 데이터는 1,500bytes보다 작아야 한다. 따라서 2,000bytes 데이터는 다음 그림처럼 2개로 나뉜다.

그림 6-20 데이터 조각화

조각화된 데이터는 각각의 패킷으로 캡슐화되는데, 이때 마지막 패킷에만 ICMP를 캡슐화한다. 따라서 첫 번째 패킷에는 IPv4를 캡슐화할 크기만큼 뺀 나머지 1,480bytes 데이터를 조각화하고, 두 번째 패킷에는 IPv4와 ICMP를 모두 캡슐화하는데, 남은 데이터가 520bytes뿐이니 캡슐화해도 MTU를 넘지 않는다.

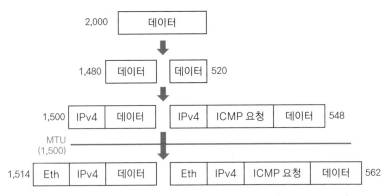

그림 6-21 최대 전송 단위로 조각화한 패킷

데이터 조각화 기능은 IPv4 프로토콜에 있으므로 조각화된 모든 패킷에 캡슐화해야 한다. 하지만 조각화된 패킷을 전달받는 쪽에서 받은 패킷을 다시 합치므로 ICMP는 모든 패킷에 붙일 필요는 없다. 따라서 마지막 패킷에만 캡슐화한다.

다음 그림은 앞의 상황에서 데이터를 조각화했을 때 첫 번째 패킷의 IPv4 프로토콜의 내용을 보여 준다.

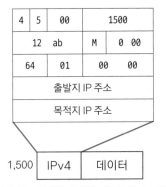

그림 6-22 조각화된 첫 번째 패킷의 IPv4 프로토콜

첫 번째 패킷은 IPv4 프로토콜의 길이 20bytes와 데이터의 크기 1,480bytes를 합쳐 총 길이가 1500으로 설정되었다. 아이디는 운영체제에서 랜덤한 값을 생성해서 사용하는데, 두 패킷이 같은 아이디를 사용하므로 원래 한 데이터가 조각화되었음을 나타낸다. 플래그에는 이 패킷 다음에 조각화된 패킷이 더 있음을 나타내는 M(More Fragment)으로 설정되었다.

그리고 첫 번째 패킷에서는 상위 프로토콜로 ICMP가 없지만, 다시 하나로 합친 패킷에서는 상위 프로토콜이 ICMP이므로 두 패킷 모두에 1이 설정되었다.

이어서 두 번째 패킷의 내용도 살펴보자.

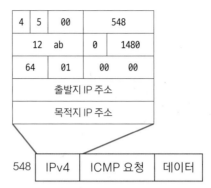

그림 6-23 조각화된 두 번째 패킷의 IPv4 프로토콜

두 번째 패킷은 데이터가 520bytes, ICMP 프로토콜이 8bytes, IPv4 프로토콜이 20bytes이므로 총 길이는 548로 설정되었다. 첫 번째 패킷과 아이디는 같고 플래그에는 조각화된 패킷이 더 없음을 나타내는 0이 설정되었다. 그리고 첫 번째 패킷에서 보낸 데이터의 크기만큼 오프셋(1480)이 설정되었다.

그림 6-24 다시 조립한 데이터

패킷을 모두 받은 컴퓨터가 데이터를 다시 하나의 큰 데이터로 조립할 때 첫 번째 패킷을 먼저 확인하고 오프셋에 따라 1,480bytes 뒤에 두 번째 데이터를 이어서 붙인다. 이렇게 데이터를 다시 조립하면 원래의 2,000bytes 데이터를 확인할 수 있다.

Do it! 실습 ▶ **패킷 조각화 분석하기**

ping 명령어로 MTU보다 큰 데이터를 전송해 보고 IPv4 프로토콜이 데이터를 어떻게 조각화하는지 살펴보자.

1단계 와이어샤크를 실행하고 통신 중인 네트워크 장치를 더블클릭해 패킷을 캡처한다.

2단계 명령 프롬프트를 열고 'ping www.naver.com -l 2000' 명령어를 실행한다.

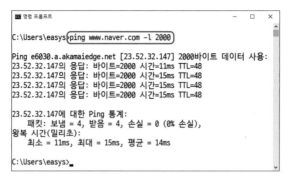

그림 6-25 ping 명령어 실행

ping 명령어 뒤에 추가한 -l 2000은 기존 ping 명령어로 전송하던 데이터의 크기(32bytes)를 2,000bytes로 변경해서 보내겠다는 의미이다.

3단계 다시 와이어샤크로 돌아와서 필터 부분에 'icmp'를 입력하고 Enter 를 눌러 필터링한다.

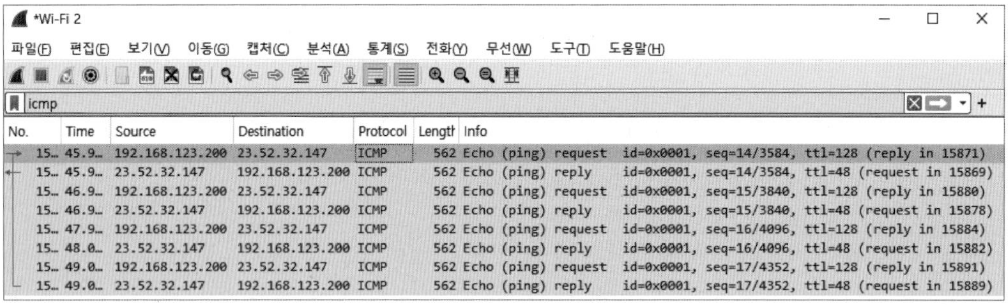

그림 6-26 ICMP로 필터링

그러면 패킷이 8개만 보이는데 조각화된 패킷에는 ICMP가 캡슐화되지 않았기 때문이다. 조각화된 패킷까지 모두 확인하려면 ICMP가 아니라 목적지 IP 주소로 필터링해야 한다.

4단계 목적지인 네이버 서버의 IP 주소는 [2단계]에서 ping 명령어로 확인할 수 있다. 필자는 **23.52.32.147**로 나왔지만, 이 주소는 실습 때마다 바뀔 수 있으므로 주의한다. 이 주소가 목적지인 패킷만 필터링해 보자.

와이어샤크에서 필터 부분에 'ip.addr == 네이버_IP_주소'를 입력하고 Enter를 누른다. 필자는 'ip.addr == 23.52.32.147'로 입력했다. 그러면 [2단계]에서 ping 명령어로 2,000bytes의 데이터를 주고받을 때 조각화된 IPv4 프로토콜까지 모두 확인할 수 있다.

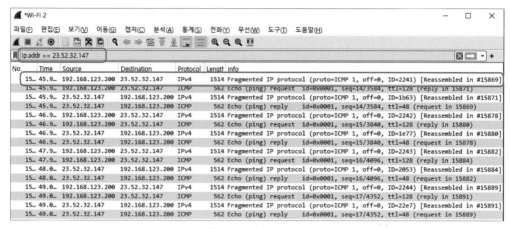

그림 6-27 목적지 IP로 필터링

5단계 필터링된 패킷 목록에서 첫 번째 패킷을 더블클릭해 자세히 살펴보자.

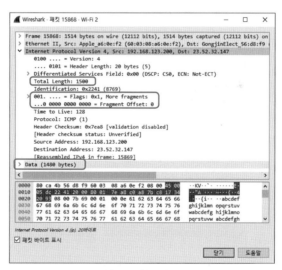

그림 6-28 첫 번째 패킷

데이터의 크기를 보면 1,480bytes인 것을 확인할 수 있다. 그리고 IPv4 프로토콜의 총 길이는 데이터 크기에 IPv4 크기인 20bytes를 더해서 1500으로 작성된 것을 볼 수 있다. 첫 번째 패킷이므로 플래그는 M이고 오프셋은 0이다.

6단계 이번에는 두 번째 패킷을 열어 보자.

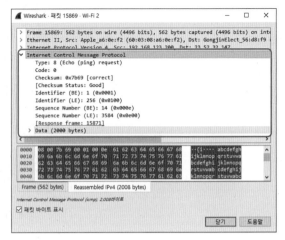

그림 6-29 두 번째 패킷의 ICMP 프로토콜

두 번째 패킷이 마지막이므로 ICMP 프로토콜이 캡슐화되어 있다. ICMP 다음에 데이터가 있는데 여기서는 원래 데이터 크기인 2,000bytes로 표시되지만, 이것은 와이어샤크가 원래 데이터의 길이를 계산해준 것이고 실제로는 520bytes를 보낸다. 이는 두 번째 패킷의 IPv4 프로토콜을 보면 확인할 수 있다.

그림 6-30 두 번째 패킷의 IPv4 프로토콜

두 번째 패킷에서 IPv4 프로토콜의 총 길이를 보면 데이터 크기 520bytes에 ICMP 프로토콜 8bytes, IPv4 프로토콜 20bytes를 모두 합쳐 548bytes로 작성된 것을 볼 수 있다. 그리고 아이디는 첫 번째 패킷에서 IPv4 프로토콜의 아이디와 같은 값으로 작성되었다. 마지막으로 오프셋은 1480으로 되어 있는데, 이는 첫 번째 패킷으로 보낸 데이터의 크기가 1,480bytes이므로 두 번째 패킷으로 보낸 데이터를 1,480bytes 다음에 이어서 조립하라는 의미이다.

되 | 새 | 김 | 문 | 제

지금까지 배운 내용을 활용해
문제를 해결해 보세요!

▶ 정답: 244~245쪽

문제 01 IPv4 프로토콜 길이가 20bytes일 때 IPv4 프로토콜에서 인터넷 헤더 길이(IHL) 필드의 값은 얼마인가?

문제 02 IPv4 프로토콜로 1,300bytes의 데이터를 보낼 때 IPv4 프로토콜에서 총 길이 필드의 값은 얼마인가?

문제 03 IPv4 프로토콜로 MTU를 넘는 데이터를 조각화해서 보낼 때 첫 번째 데이터를 캡슐화한 IPv4 프로토콜의 아이디가 1111이었다면, 나머지 데이터를 캡슐화한 IPv4 프로토콜의 아이디는 무엇인가?

문제 04 IPv4 프로토콜로 MTU를 넘는 데이터를 조각화해서 보낼 때 첫 번째 데이터를 캡슐화한 패킷으로 보낸 데이터가 1,480bytes였다면, 두 번째 데이터를 캡슐화한 IPv4 프로토콜의 조각 오프셋(Fragment Offset)은 얼마인가?

문제 05 IPv4 프로토콜로 보낸 패킷이 인터넷에서 영원히 떠돌아다니지 못하게 하기 위한 기능을 무엇이라고 하는가?

문제 06 IPv4 프로토콜에서 상위에 어떤 프로토콜이 캡슐화되었는지 알려 주는 필드에 들어갈 값으로, 각 프로토콜(ICMP, TCP, UDP)을 의미하는 값은 얼마인가?

문제 07 ICMP 프로토콜을 이용해 통신을 확인해 보면 유형값으로 통신이 제대로 되었는지 파악할 수 있다. 다음 내용에 맞는 유형값은 각각 얼마인가?

- 통신 확인 요청:
- 통신 확인 정상 응답:
- 목적지에 도착하지 않음:
- 응답 시간 초과:

문제 08 라우팅 테이블이 다음처럼 설정되었을 때 목적지 IP 주소가 8.8.8.8이면 해당 패킷은 어디로 전송되는가?

```
0.0.0.0 → 192.168.30.2
192.168.10.0/24 → 192.168.10.2
192.168.20.0/24 → 192.168.20.2
```

문제 09 MTU가 1500인 네트워크 장치들을 통해서 4,000bytes인 데이터를 보낼 때 몇 개의 데이터로 조각화되고 마지막 패킷으로 보내는 데이터의 크기는 몇 바이트인가?

문제 10 ping 테스트를 통해 받은 응답 패킷에서 IPv4 프로토콜을 확인했을 때 TTL이 119였다면 목적지 컴퓨터의 운영체제는 무엇으로 예상할 수 있는가?

07

프로그램이 데이터를 주고받는 방법
(OSI 4계층)

06장까지 배우면서 멀리 있는 컴퓨터를 찾아갈 수 있게 되었
다. 그런데 목적지 컴퓨터에는 많은 프로그램이 실행 중일 것
이고 그중에서 원하는 프로그램과 데이터를 주고받아야 한
다. 이번 장에서는 컴퓨터에서 실행 중인 많은 프로그램 중에
서 특정 프로그램을 찾아 통신하는 방법을 알아본다.

07-1 전송 계층 살펴보기

07-2 포트 번호

07-3 TCP와 UDP

07-4 UDP 통신 알아보기

07-5 TCP 통신 알아보기

07-6 TCP의 포트 상태

핵심 키워드

클라이언트   서버   포트 번호   동적 포트 번호   예약된 포트 번호

잘 알려진 포트 번호   UDP   TCP   TCP 플래그   순서 번호   응답 번호

3방향 핸드셰이크(3-way handshake)   LISTEN 상태   ESTABLISHED 상태

07-1 전송 계층 살펴보기

만약 내 컴퓨터에서 카카오톡을 실행해 친구에게 메시지를 보내면 카카오톡 메시지를 데이터로 캡슐화한 패킷이 데이터링크와 네트워크 계층을 거쳐 친구의 컴퓨터까지 전달된다. 그런데 여기서 문제가 있다. 친구의 컴퓨터에는 카카오톡뿐만 아니라 다른 프로그램도 실행 중이어서 메시지가 어떤 프로그램으로 전달돼야 하는지 알려 주어야 한다.

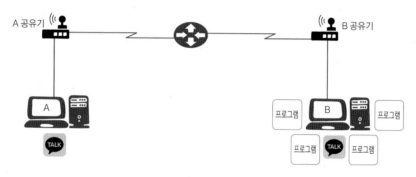

그림 7-1 카카오톡으로 친구에게 메시지 보내기

내 컴퓨터에서 카카오톡으로 보낸 메시지는 당연히 친구 컴퓨터의 카카오톡으로 전달되어야 한다. OSI 7계층에서 4번째인 전송 계층이 이러한 역할을 해준다. 전송 계층은 데이터링크와 네트워크 계층을 거쳐서 찾아간 컴퓨터에 실행 중인 프로그램 가운데 특정 프로그램을 찾고, 해당 프로그램과 데이터를 주고받을 수 있게 해준다.

클라이언트 — 서버 모델

클라이언트–서버 모델은 프로그램을 만들 때 요청을 보내는 클라이언트 프로그램과 이에 응답하는 서버 프로그램을 분리한 형태를 의미한다. 앞에서 예로 든 카카오톡을 비롯하여 네트워크 통신을 이용하는 대부분의 프로그램은 클라이언트–서버 모델로 만든다.

앞에서는 프로그램끼리 연결되어 데이터를 주고받는다고 쉽게 설명하고자 내 컴퓨터의 카카오톡이 친구 컴퓨터의 카카오톡으로 바로 연결되어 데이터를 보내는 것처럼 묘사했다. 하지만 실제로는 내 컴퓨터나 친구 컴퓨터의 카카오톡은 모두 클라이언트 프로그램이다. 그래서 다음 그림처럼 각 클라이언트가 요청을 보내면 해당 요청을 처리하는 서버 프로그램이 따로 존재한다.

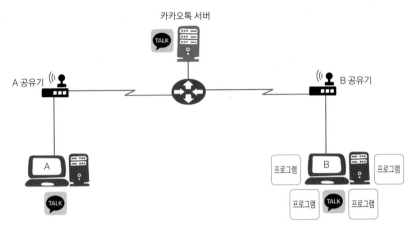

그림 7-2 클라이언트와 서버

카카오톡 메시지를 보내는 곳은 친구 컴퓨터가 아니라 카카오 회사에서 운영 중인 카카오톡 서버 컴퓨터이고, 친구에게 메시지를 보내달라는 요청받은 카카오톡 서버는 해당 요청을 확인하고 친구 컴퓨터의 카카오톡에 전달해 준다.

서버 프로그램

서버^{server}라고 하면 컴퓨터를 떠올리기 쉽지만, 서버란 서비스를 제공하는 프로그램을 말한다. 즉, 어떤 컴퓨터든지 서버 프로그램을 설치하고 실행하면 서버 컴퓨터가 된다.

서버 프로그램은 특정 서비스를 제공하는 프로그램을 말한다. 파일 다운로드 서비스를 제공하면 파일 서버 프로그램, 네트워크 게임 서비스를 제공하면 게임 서버 프로그램, 카카오톡 메시지를 주고받는 서비스를 제공하면 카카오톡 메시지 서버 프로그램이다. 이처럼 서버 프로그램의 종류는 매우 다양하다.

클라이언트 프로그램

클라이언트^{client} 프로그램은 네트워크를 통해 특정 서버 프로그램이 제공하는 서비스를 이용할 수 있는 프로그램이다. 게임, 웹 브라우저, 카카오톡 같은 메신저 등 사용자들이 이용하는 대부분의 프로그램이 클라이언트 프로그램이다.

네트워크 통신을 하는 프로그램들은 대부분 클라이언트–서버 모델로 만든다. 서버와 클라이언트 역할을 하는 프로그램이 별도로 존재해서 서버 프로그램은 서버 컴퓨터에, 클라이언트 프로그램은 사용자의 컴퓨터에 설치된다. 그리고 서버와 클라이언트가 통신하면서 데이터를 주고받는다.

그런데 어떤 프로그램은 서버 역할을 하면서 동시에 여러 가지 클라이언트 역할도 함께 수행하도록 만들기도 한다. 예를 들어 백엔드 개발자가 개발하는 서버는 사용자들의 요청을 받는 서버의 역할과 동시에 데이터베이스 서버에 데이터를 전송하는 클라이언트 역할도 한다.

07-2 포트 번호

2계층에서는 같은 네트워크에서 특정 컴퓨터를 찾아가기 위해 MAC 주소를 사용하고, 3계층에서는 멀리 떨어진 네트워크 대역의 컴퓨터를 찾아가기 위해 IP 주소를 사용한다고 했다. 4계층에서는 이러한 주소의 역할을 하는 포트 번호가 있다. 포트 번호에 관해 자세히 알아보자.

포트 번호

포트 번호port number는 컴퓨터에서 실행 중인 많은 프로그램 가운데 특정 프로그램을 찾아가기 위한 번호이다. 번호가 똑같아도 UDP와 TCP의 포트 번호가 서로 구별되며 1~65535번까지 사용할 수 있다. 즉, UDP 포트 번호 1~65535번, TCP 포트 번호 1~65535번까지 있다. 그리고 1~65535번 포트 번호는 동적 포트, 잘 알려진 포트, 예약된 포트 등 크게 세 가지 부류로 나눠 볼 수 있다.

동적 포트

일반적으로 클라이언트 프로그램이 사용하는 포트 번호이다. 운영체제에서 프로그램이 실행될 때 49152~65535번 중에서 남은 번호를 사용한다.

잘 알려진 포트

일반적으로 서버 프로그램이 사용하는 포트 번호이다. 서버의 포트 번호는 아무 번호나 설정해도 되지만, 클라이언트들이 서비스를 편리하게 이용할 수 있도록 잘 알려진 포트 번호로 설정하는 것이 좋다.

전 세계적인 서버 프로그램들이 사용하는 잘 알려진 포트 번호는 다음과 같다.

표 7-1 잘 알려진 포트

서비스 이름	포트 번호
FTP	20, 21
SSH	22
TELNET	23
DNS	53
DHCP	67, 68
TFTP	69
HTTP	80
HTTPS	443

예약된 포트

마찬가지로 서버 프로그램이 주로 사용하는 포트 번호이지만, 전 세계적으로 유명하거나 많이 사용하는 서버 프로그램이 아닌 조금은 덜 유명한 서버 프로그램이 사용하는 포트 번호이다. 꼭 해당 번호를 사용해야 하는 것은 아니지만, 서비스를 이용하는 클라이언트를 위해 정해진 포트 번호를 사용하는 것이 좋다. 몇 가지 서버 프로그램이 사용하는 예약된 포트 번호는 다음과 같다.

표 7-2 예약된 포트

서비스 이름	포트 번호
오라클 DB 서버	1521
MySQL 서버	3306
MS 원격 데스크톱	3389

07-3 TCP와 UDP

특정 프로그램을 찾아가 프로그램끼리 데이터를 주고받을 수 있게 해주는 전송 계층 프로토콜에는 TCP와 UDP가 있다. 프로그램을 어떻게 개발하느냐에 따라 한 프로그램이 TCP와 UDP를 모두 사용할 수도 있다.

예를 들어 웹 서버는 주로 TCP를 사용하고, DNS 서버 프로그램은 주로 UDP를 사용한다. 이 두 프로그램도 주로 사용하는 프로토콜이 TCP 또는 UDP이지만, 한 가지 프로토콜만 사용하는 것은 아니다.

TCP 알아보기

TCP^{transmission control protocol}는 신뢰할 수 있는 연결 지향^{connection oriented} 프로토콜이다. 클라이언트 프로그램과 서버 프로그램이 데이터를 주고받으면서 통신이 잘되고 있는지 확인하면서 서로의 통신을 동기화한다. 데이터를 주고받기 전에 제대로 연결되었는지 확인하고, 데이터를 주고받는 중간에도 제대로 전달되었는지 확인한다. 만약 제대로 전달되지 않았다면 다시 보내 달라고 요청한다.

데이터를 주고받는 과정이 끝나면 그냥 연결을 끊는 것이 아니라, 연결이 안전하게 종료될 수 있도록 확인하는 과정까지 거친다. 쉽게 말하면 모든 과정을 확인하면서 매우 조심스럽게 데이터를 주고받는다고 할 수 있다.

UDP 알아보기

UDP^{user datagram protocol}는 TCP와 반대로 신뢰할 수 없는 비연결성^{connectionless} 프로토콜이다. MAC과 IPv4 주소 그리고 포트 번호를 이용해 찾아간 프로그램과 데이터를 주고받지만, 완전성을 보증하지 않는다는 뜻이다.

따라서 UDP는 데이터가 100% 완벽하게 전달되었는지를 확인할 필요가 없거나 한 번에 작은 양의 데이터를 전송하는 서비스에서 주로 사용한다. 예를 들어 동영상 스트리밍 서비스에서 사용할 수 있다. 동영상 데이터는 1초에 30장 정도의 사진과 음성으로 이뤄졌는데, 30장의 사진 중 26번째 사진을 제대로 전달받지 못하더라도 대부분의 사람은 인지하지 못하므로 크게 문제가 되지 않는다.

TCP와 UDP 비교

UDP는 데이터를 주고받으면서 확인하는 과정이 생략된 만큼 TCP보다 빠르다는 장점이 있다. 하지만 중간에 데이터가 누락되거나 문제가 생기면 해결할 수 있는 방법이 없다. 반면에 TCP는 하나하나 확인하는 과정이 포함되어 있어서 UDP보다 느리지만, 중간에 데이터가 누락되거나 문제가 생기면 데이터를 다시 주고받을 수 있다.

웹 브라우저나 게임, 카카오톡 등 여러 가지 프로그램이 TCP와 UDP를 모두 지원하여 데이터의 성격에 따라 적절한 프로토콜을 사용한다.

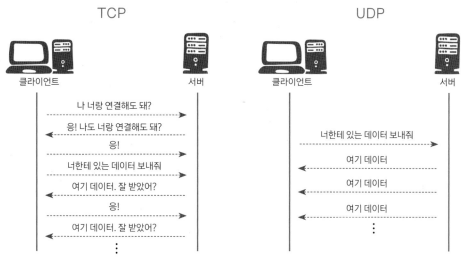

그림 7-3 TCP와 UDP 통신 비교

07-4 UDP 통신 알아보기

UDP는 기능이 많지 않아 구조가 단순하다. 프로토콜의 크기는 총 8bytes로 출발지 포트, 목적지 포트가 각각 2bytes씩 4bytes이고, 데이터를 캡슐화한 패킷의 전체 길이와 헤더의 체크섬으로 구성되어 있다.

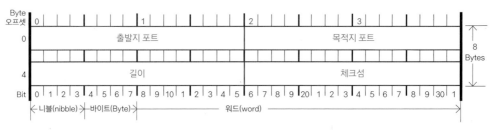

그림 7-4 UDP 프로토콜 구조

출발지 포트와 목적지 포트에는 각각 UDP를 보내는 쪽과 받는 쪽의 포트 번호를 작성한다. UDP를 이용해 파일을 주고받을 수 있는 TFTP라는 서버와 클라이언트 프로그램으로 자세히 알아보자.

예를 들어 다음 그림처럼 클라이언트 프로그램이 서버 프로그램에 UDP 프로토콜을 작성해서 특정 파일을 보내달라는 요청을 보낸다면 출발지 포트에는 50123번, 목적지 포트에는 69번을 작성한다.

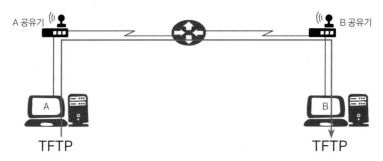

그림 7-5 TFTP 클라이언트가 TFTP 서버에 파일 요청

이렇게 보낸 패킷을 받은 서버가 요청에 응답할 때는 UDP에서 출발지 포트에 서버 프로그램의 포트 번호 69번을 작성하고, 목적지 포트에는 클라이언트 프로그램의 포트 번호인 50123번을 작성한다.

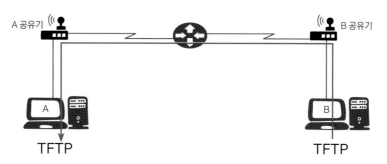

그림 7-6 TFTP 서버가 TFTP 클라이언트에 파일 전송

> ### 더 알아보기
> ### TFTP 알아보기
>
> TFTP는 단순 파일 전송 프로토콜을 의미한다. TFTP는 UDP를 기반으로 동작하므로 연결 설정이나 오류 복구 기능이 없다. TFTPD 프로그램은 TFTP 프로토콜을 이용해서 파일을 주고받으므로 간단하고 빠르게 파일을 전송할 수 있지만, 데이터 손실이나 오류가 발생할 경우 재전송을 보장하지 않는다.

Do it! 실습 ▶ TFTPD 프로그램으로 UDP 프로토콜 분석하기

이번 실습에서는 UDP 프로토콜을 이용해서 파일을 주고받을 수 있는 서버 프로그램과 클라이언트 프로그램을 설치하고 각 프로그램을 이용해서 파일을 내려받는 패킷을 분석해보자.

1단계 웹 브라우저에서 pjo2.git hub.io/tftpd64에 접속한 후 중간에 [Download page]를 클릭한다.

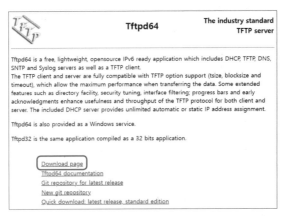

그림 7-7 TFTPD 홈페이지

2단계 tftpd64.464.zip 파일을 내려받은 후 압축을 푼다. 참고로 파일명에서 464는 버전을 의미하며 바뀔 수도 있지만, 실습을 진행하는 데는 문제가 없다.

Name	Size	Uploaded by	Downloads	Date
Download repository	94.4 MB			
tftpd64-service-edition.464.zip	660.0 KB	Philippe Jounin	217765	2019-02-27
Tftpd64-4.64-setup.exe	633.2 KB	Philippe Jounin	2066462	2019-02-27
Tftpd64_SE-4.64-setup.exe	735.4 KB	Philippe Jounin	191060	2019-02-27
tftpd64.464.zip	557.4 KB	Philippe Jounin	774834	2019-02-27
tftpd32-service-edition.464.zip	628.7 KB	Philippe Jounin	43198	2019-02-27

그림 7-8 tftpd64 다운로드

3단계 압축을 풀면 생긴는 폴더에서 **tftpd64.exe** 파일을 실행한다.

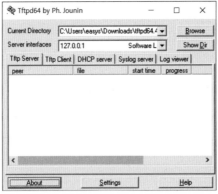

그림 7-9 tftpd 프로그램

4단계   TFTPD는 서버와 클라이언트 기능이 모두 포함된 프로그램이지만, 이 실습에서는 서버로만 사용하고 클라이언트는 다른 프로그램을 사용하겠다.

작업 표시줄의 검색 상자에 **"제어판"**을 입력한 후 Enter를 눌러 제어판을 실행한다.

그림 7-10 제어판 실행

제어판이 열리면 [**프로그램**]을 클릭한다.

그림 7-11 프로그램 클릭

프로그램 창이 열리면 '프로그램 및 기능' 아래 [**Windows 기능 켜기/끄기**]를 클릭한다.

그림 7-12 Windows 기능 켜기/끄기 클릭

Windows 기능 창이 열리면 프로그램 목록에서 [TFTP 클라이언트]를 찾아 체크 표시하고 〈확인〉을 눌러 설치한다. 설치를 마치면 〈닫기〉를 클릭한다.

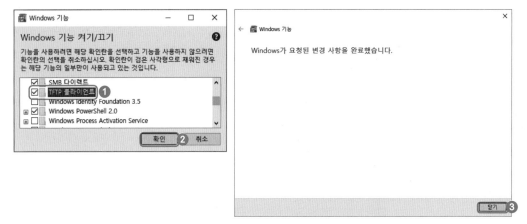

그림 7-13 TFTP 클라이언트 설치

5단계 클라이언트를 설치했으면 이제 파일을 주고받을 준비를 해보자. 먼저 서버 프로그램을 내려받고 압축을 푼 위치에 클라이언트가 내려받을 수 있는 파일을 하나 추가한다. 필자는 메모장을 열어 문자열을 저장한 myfile.txt 파일을 만들었다.

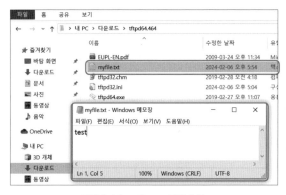

그림 7-14 myfile.txt 파일 추가

6단계 이제 UDP로 파일을 주고받은 패킷을 확인하기 위해 와이어샤크를 실행하고 패킷 캡처를 시작하자. 이때 서버 프로그램과 클라이언트 프로그램이 같은 컴퓨터에서 실행 중이 므로 캡처할 네트워크 장치는 루프백인 [Adapter for loopback traffic capture]를 더블 클릭한다.

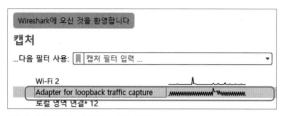

그림 7-15 캡처할 네트워크 장치 선택(Adapter for loopback traffic capture)

7단계 클라이언트에서 해당 파일을 내려받아 보자. 먼저 [3단계]에서 TFTPD 프로그램이 실행된 것을 확인하고 윈도우에서 명령 프롬프트를 실행한다. 그리고 다음과 같은 명령어를 입력한다.

• **서버의 파일을 내려받아 클라이언트에 저장하는 명령어**

> tftp [서버_IP_주소] get [서버의_파일_이름] [클라이언트에_저장할_이름]

필자는 서버의 IP가 **127.0.0.1**이고 파일 이름은 myfile.txt, 저장할 이름은 abc.txt로 해서 다음처럼 작성했다. 클라이언트 쪽에서 '전송 완료'라고 출력되면 서버에서 myfile.txt 파일을 정상으로 내려받은 것이다. 이어서 `dir *.txt` 명령어를 실행해 보면 서버에서 내려받은 파일을 abc.txt로 저장한 것을 확인할 수 있다.

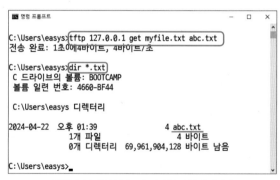

그림 7-16 클라이언트로 서버의 파일 내려받기

tftp 명령어를 실행하고 나서 TFTPD 프로그램에서 [Log viewer]를 클릭해 로그를 확인해 보면 클라이언트와 통신 내역을 확인할 수 있다. 각 줄의 의미를 살펴보자.

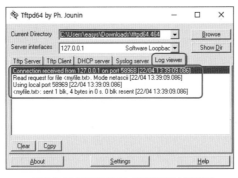

그림 7-17 클라이언트로 서버의 파일 내려받기

첫 번째 줄은 IP 주소 **127.0.0.1**, 포트 번호 58968번을 사용하는 클라이언트에게 요청을 받았다는 의미이다. 두 번째 줄은 myfile.txt 파일을 요청받았다는 의미이고, 세네 번째 줄은 서버가 58969번 포트를 사용해서 클라이언트에게 요청한 파일을 보냈다는 의미이다.

8단계 와이어샤크로 돌아와서 패킷을 분석해 보자. 필터에 '**udp && ip.addr==서버의 IP 주소**'를 입력하여 서버와 주고받은 UDP 프로토콜만 필터링한다. 그러면 다음처럼 3개의 패킷을 확인할 수 있다.

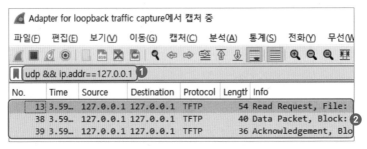

그림 7-18 UDP와 서버의 IP로 필터링

필터링한 패킷 목록에서 첫 번째 줄을 더블클릭한다. 패킷에서 UDP를 확인해 보면 출발지 포트에는 클라이언트가 사용한 58968번 포트가 설정되었고(TFTPD 프로그램의 로그에서 확인한 포트 번호와 같음), 목적지 포트에는 서버가 사용한 69번 포트가 설정되었다.

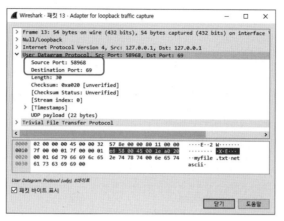

그림 7-19 UDP 확인

그리고 캡슐화된 TFTP도 확인해 보면 클라이언트가 서버에 요청한 파일 이름(myfile.txt)을 확인할 수 있다.

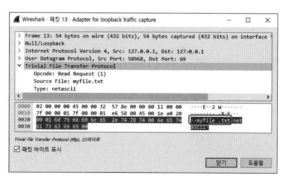

그림 7-20 TFTP 확인

9단계 TFTP 프로토콜로 서버에게 파일을 요청하면 서버는 새로운 포트를 열어 클라이언트에게 파일을 전송한다. 여기서는 58969 포트를 열어 클라이언트에게 파일을 전송하는 것을 볼 수 있다. 그리고 패킷에 캡슐화된 데이터를 보면 myfile.txt의 내용을 확인할 수 있다.

그림 7-21 데이터 확인

07-5 TCP 통신 알아보기

TCP를 사용하는 프로그램은 모든 통신 과정을 확인하면서 안전하게 데이터를 주고받는다. 데이터를 주고받은 과정은 크게 3가지로 나눠서 볼 수 있다. 처음 통신을 위해 두 프로그램을 연결하는 과정, 연결된 후 데이터를 주고받는 과정, 마지막으로 데이터를 모두 주고받은 후 연결을 종료하는 과정이다.

이처럼 TCP는 클라이언트와 서버가 통신을 계속 확인하면서 데이터를 주고받으므로 UDP 보다 기능이 많다. UDP와 마찬가지로 출발지 포트, 목적지 포트가 각각 2bytes씩 4bytes이고, 클라이언트와 서버의 통신을 동기화하기 위한 순서 번호, 응답 번호가 각각 4bytes씩 8bytes, 헤더의 길이를 의미하는 오프셋과 예약 필드가 1byte, TCP 플래그가 1byte, 윈도우와 체크섬, 긴급 포인터(Urgent Pointer)가 각각 2bytes씩 6bytes를 차지하므로 TCP의 전체 길이는 20bytes이다. 그리고 TCP도 IPv4 프로토콜처럼 옵션을 추가할 수 있지만 많이 사용하지는 않는다.

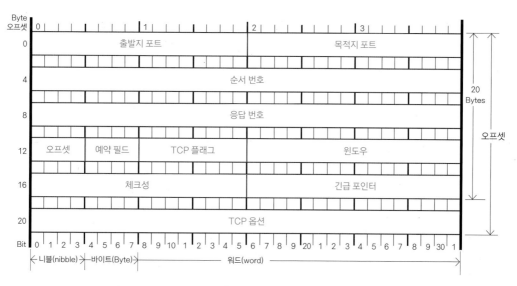

그림 7-22 TCP 구조

출발지 포트와 목적지 포트는 UDP와 같다. 보내는 쪽과 받는 쪽의 포트 번호를 작성한다. TCP를 이용해서 웹 페이지 파일을 주고받을 수 있는 엔진엑스(Nginx)라는 웹 서버와, 대표적인 웹 클라이언트인 웹 브라우저를 예로 들어 자세히 알아보자.

예를 들어 다음 그림처럼 웹 브라우저가 TCP를 작성해서 웹 서버 프로그램에 특정 웹 페이지를 요청하면 출발지 포트에는 50183번, 목적지 포트에는 80번을 작성한다.

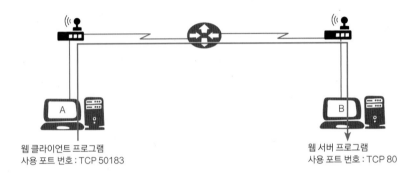

웹 클라이언트 프로그램
사용 포트 번호 : TCP 50183

웹 서버 프로그램
사용 포트 번호 : TCP 80

그림 7-23 웹 서버에 웹 페이지 요청

해당 요청 패킷을 받은 서버가 응답할 때는 서버가 사용하는 포트 번호 80번을 출발지 포트에 작성하고, 웹 브라우저가 사용하는 포트 번호인 50183번을 목적지 포트에 작성한다.

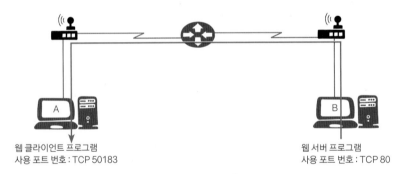

웹 클라이언트 프로그램
사용 포트 번호 : TCP 50183

웹 서버 프로그램
사용 포트 번호 : TCP 80

그림 7-24 웹 브라우저에 웹 페이지 전송

오프셋은 IPv4에서 헤더의 길이를 나타냈던 것처럼 TCP 헤더의 크기를 나타낸다. 헤더의 크기를 4로 나눠서 작성하며, 4bytes의 옵션이 하나씩 추가될 때마다 1씩 증가한다. 예약 필드는 현재 사용하지 않는다. 나머지 필드인 TCP 플래그와 윈도우, 순서 번호, 응답 번호 등은 서버와 클라이언트 프로그램이 서로 통신을 동기화하기 위해 사용한다. 각 필드를 자세히 알아보자.

TCP 플래그

TCP에서 1byte를 차지하는 플래그의 종류는 다음과 같으며 TCP 통신 과정마다 사용하는 플래그가 다르다. 연결 수립 과정에서는 **SYN**와 **ACK**를 사용하고 데이터 송수신 과정에서는 **PSH**와 **ACK**, 연결 종료 과정에서는 **FIN**와 **ACK**가 사용된다. **URG**와 **RST**는 특수한 경우에 사용된다.

표 7-3 TCP 플래그 종류와 의미

플래그	명칭	의미
URG(urgent)	긴급 비트	긴급 포인터 필드에 값이 채워졌음을 알림
ACK(acknowledgement)	응답 비트	데이터를 수신한 측이 이를 확인했음을 알림
PSH(push)	밀어넣기 비트	데이터를 보내는 패킷이라는 것을 알림
RST(reset)	초기화 비트	강제 연결 초기화
SYN(synchronize)	동기화 비트	TCP 연결 설정 초기화를 위한 순서 번호 동기화 시작을 알림
FIN(finish)	종료 비트	송신기가 데이타 보내기를 끝마침

TCP 연결 수립 과정

TCP를 이용해 통신하는 프로그램은 모두 연결 수립 과정을 거친다. 처음 만난 사람과 인사를 하면서 악수하듯이 처음 만난 클라이언트 프로그램과 서버 프로그램이 서로 악수하듯 패킷이 오고 가는데, 총 3번 오고 가서 이 과정을 **3방향 핸드셰이크**^{3-way handshake}라고 부른다.

클라이언트와 서버의 통신은 항상 클라이언트가 먼저 서버에 요청을 보내면서 시작한다. 이때 클라이언트는 TCP로 동기화 요청을 의미하는 **SYN** 플래그를 설정하고, 임의의 순서 번호와 응답 번호를 0으로 작성하여 서버로 보낸다.

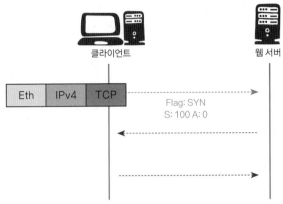

그림 7-25 클라이언트가 서버에 연결 요청

클라이언트의 요청을 받은 서버는 응답 프로토콜을 작성한다. 이때 서버는 수락을 의미하는 **ACK** 플래그와 자신도 클라이언트와 동기화를 요청하는 **SYN** 플래그를 설정하고, 임의의 순서 번호와 클라이언트에서 받은 순서 번호에 1을 더한 값을 응답 번호로 TCP를 작성하여 클라이언트로 보낸다.

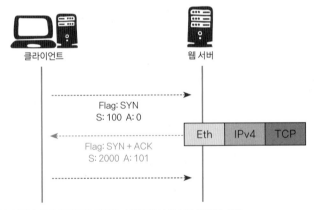

그림 7-26 서버가 클라이언트의 요청을 수락하면서 자신도 연결을 요청

마지막으로 클라이언트는 서버가 보낸 동기화 요청에 대한 응답 프로토콜을 작성해 다시 서버로 보낸다. 이때 클라이언트는 서버가 보낸 응답 번호를 순서 번호에 설정하고, 서버가 보낸 순서 번호에 1을 더한 값을 응답 번호로 TCP를 작성하여 서버로 보낸다.

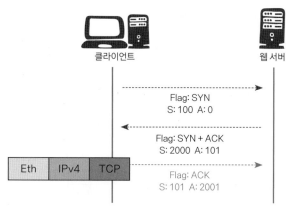

그림 7-27 클라이언트가 서버의 요청을 수락

이렇게 클라이언트와 서버가 3번의 패킷을 주고받으면 두 프로그램은 데이터를 송수신할 수 있는 상태가 된다. 통신 과정에서 클라이언트와 서버는 순서 번호와 응답 번호를 주고받으며 서로의 통신을 동기화한다. 순서 번호는 데이터의 순서를 식별하는 번호이고, 응답 번호는 수신 측이 데이터를 잘 받았다는 의미로 순서 번호에 1을 더한 값이다.

순서 번호는 클라이언트와 서버가 각각 처음 통신할 때 운영체제에서 임의로 설정한 값을 사용하고, 그 후부터 주고받는 순서 번호와 응답 번호는 이전에 받은 번호를 활용한다.

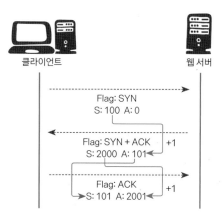

그림 7-28 순서 번호와 응답 번호

TCP 데이터 송수신 과정

이번에는 연결이 수립되고 난 후에 데이터를 송수신하는 과정을 알아보자. 연결이 수립된 후에 먼저 패킷을 보내는 쪽도 클라이언트다. 원하는 데이터를 서버에 요청해야 하기 때문이다.

요청 패킷에 원하는 데이터 정보를 캡슐화하여 서버로 보낸다. 이때 TCP 양식에는 **PSH**와 **ACK** 플래그를 설정하고 순서 번호와 응답 번호는 연결 수립 과정에서 마지막에 서버로 보냈던 번호를 그대로 사용한다.

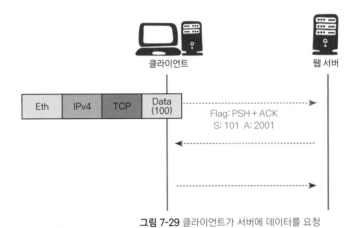

그림 7-29 클라이언트가 서버에 데이터를 요청

해당 패킷을 받은 서버는 클라이언트가 요청한 데이터를 응답 패킷으로 캡슐화하여 클라이언트로 보낸다. 이때 TCP 양식에는 **PSH**와 **ACK** 플래그를 설정하고, 클라이언트가 보낸 응답 번호와 순서 번호를 각각 순서 번호와 응답 번호로 설정한다. 이때 응답 번호에는 앞 단계에서 서버가 받은 데이터의 크기(예에서는 100)를 더한 값을 설정하여 보낸다.

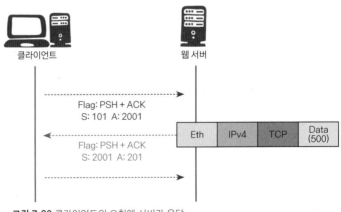

그림 7-30 클라이언트의 요청에 서버가 응답

서버가 보낸 데이터를 받은 클라이언트는 데이터를 잘 받았다는 의미로 다시 패킷을 서버로 보낸다. 이때는 데이터를 보내는 것이 아니므로 TCP 양식에서 플래그는 **ACK**만 설정하고 서버가 보낸 응답 번호와 순서 번호를 각각 순서 번호와 응답 번호로 설정한다. 이때 응답 번호에는 앞 단계에서 클라이언트가 받은 데이터의 크기(예에서는 500)를 더한 값을 설정하여 보낸다.

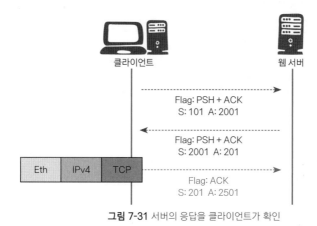

그림 7-31 서버의 응답을 클라이언트가 확인

TCP 연결 종료 과정

마지막으로 데이터를 모두 주고받은 후 연결을 종료하는 과정을 알아보자. 연결을 종료할 때에 먼저 패킷을 보내는 쪽도 보통은 클라이언트다. 클라이언트가 먼저 **FIN** 플래그가 설정된 TCP를 보낸다. 이때 마지막 통신에서 클라이언트가 보냈던 시퀀스 번호와 응답 번호를 이어서 사용한다.

해당 패킷을 받은 서버는 이를 수락하는 의미로 **ACK** 플래그가 설정된 TCP를 응답한다. 그런 다음 서버도 연결을 종료하기 위해 **FIN** 플래그가 설정된 TCP를 클라이언트에 보내고, 클라이언트가 다시 종료를 수락하는 의미로 **ACK** 플래그가 설정된 TCP를 보내면 연결이 종료된다.

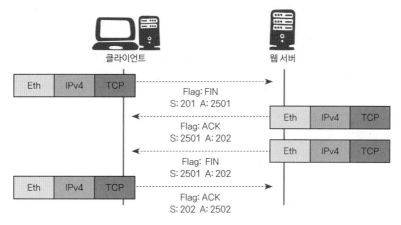

그림 7-32 연결 종료 과정

Do it! 실습 ▶ **TCP 연결 수립 과정 프로토콜 분석하기**

이번 실습에서는 TCP를 이용하는 서버와 클라이언트가 데이터를 주고받기 전에 TCP로 두 프로그램이 연결을 수립하는 과정(3방향 핸드셰이크)에서 주고받는 패킷을 분석해 보자.

1단계 와이어샤크를 실행하고 패킷 캡처를 시작한다. 이번에는 인터넷상에 있는 웹 서버와 통신할 것이므로 이더넷이나 와이파이처럼 인터넷에 접속된 네트워크 장치로 패킷을 캡처한다.

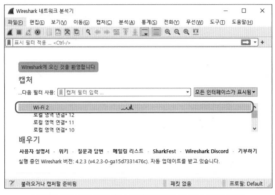

그림 7-33 인터넷에 접속된 네트워크 장치로 패킷 캡처

2단계 패킷 목록을 'tcp.port == 443'으로 필터링한 후 웹 브라우저로 'www.naver.com'에 접속한다. 443은 네이버의 웹 서버가 사용하는 포트 번호이다. 네이버에 접속하면 웹 페이지나 그림 등 많은 데이터를 주고받으므로 많은 패킷이 캡처된다.

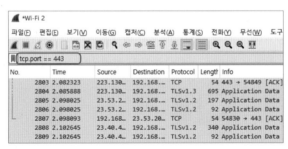

그림 7-34 443번 포트로 필터링

3단계 연결 수립 과정의 패킷만 살펴보기 위해서 'tcp.port == 443 && tcp.flags.syn == 1'로 필터링한다. 그러면 TCP에서 **SYN** 플래그가 설정된 패킷들만 확인할 수 있다.

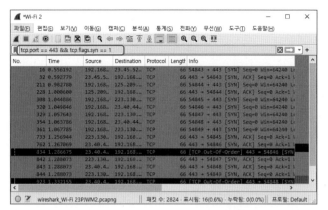
그림 7-35 443번 포트와 SYN 플래그로 필터링

4단계 목록에서 아무 패킷에 마우스 오른쪽 버튼을 누르고 [따라가기 → TCP 스트림]을
클릭한다. 이 기능을 사용하면 해당 패킷이 포함된 통신의 TCP 연결 수립 과정, 데이터를 주
고받는 과정, 연결을 종료하는 과정만 필터링할 수 있다.

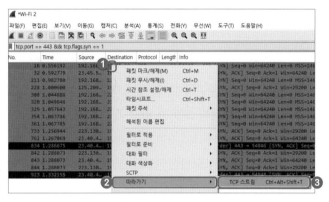
그림 7-36 TCP 스트림 기능

함께 열린 창은 닫고 패킷 목록을 보면 필터링 조건이 'tcp.stream eq 6'으로 바뀐 것을 알 수
있다. 목록에서 상위 3개의 필터가 TCP를 이용해 연결을 수립하는 과정에서 사용한 3방향 핸
드셰이크 패킷이다.

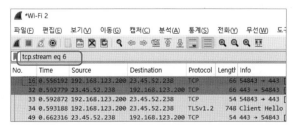
그림 7-37 3방향 핸드셰이크 패킷

5단계 패킷 목록에서 첫 번째 패킷을 더블클릭해서 살펴보자. 출발지 포트는 54843으로 클라이언트인 웹 브라우저가 사용한 동적 포트이다. 목적지 포트는 443으로 네이버의 웹 서버가 사용하는 포트이다. 순서 번호는 실제 3896136294번이 사용되었지만, 와이어샤크는 사용자가 보기 편하게 relative sequence number로 0번을 표시해 준다. 응답 번호 (Acknowledgment Number)는 실제 0번이 사용되었다. 그리고 클라이언트가 서버에 요청하는 패킷이므로 SYN 플래그만 설정된 것을 확인할 수 있다.

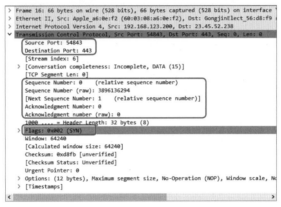

그림 7-38 3방향 핸드셰이크에서 첫 번째 패킷

6단계 이번에는 두 번째 패킷을 살펴보자. 웹 서버가 클라이언트의 요청에 응답하는 패킷이므로 이전 패킷에서 출발지와 목적지 포트가 바뀐 것을 확인할 수 있다. 순서 번호는 실제로는 2970220119번이지만, 와이어샤크가 0번으로 표시해 준다. 응답 번호는 클라이언트가 보낸 순서 번호인 3896136294에서 1을 더한 3896136295이다. 그리고 SYN과 ACK 플래그가 사용된 것을 볼 수 있다.

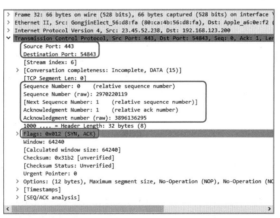

그림 7-39 3방향 핸드셰이크에서 두 번째 패킷

7단계 세 번째 패킷도 살펴보자. 클라이언트가 서버로 보내는 연결 수락 패킷이므로 출발지 포트와 목적지 포트가 첫 번째 패킷과 같다. 순서 번호는 서버가 보낸 응답 번호인 3896136295번이고, 응답 번호는 서버가 보낸 순서 번호에 1을 더한 값인 2970220120이다. 그리고 플래그는 ACK로 설정했다.

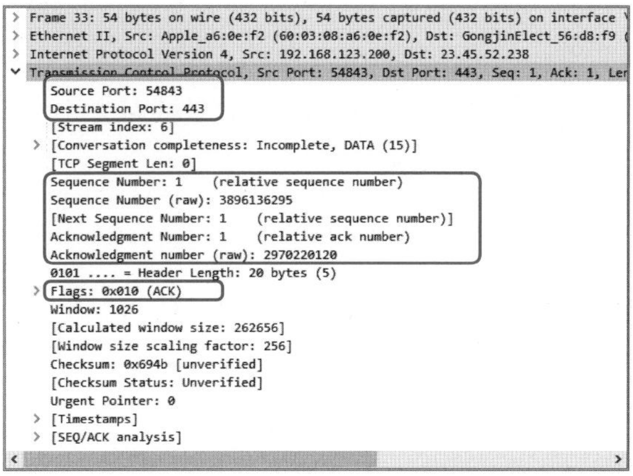

```
> Frame 33: 54 bytes on wire (432 bits), 54 bytes captured (432 bits) on interface
> Ethernet II, Src: Apple_a6:0e:f2 (60:03:08:a6:0e:f2), Dst: GongjinElect_56:d8:f9
> Internet Protocol Version 4, Src: 192.168.123.200, Dst: 23.45.52.238
∨ Transmission Control Protocol, Src Port: 54843, Dst Port: 443, Seq: 1, Ack: 1, Len
    Source Port: 54843
    Destination Port: 443
    [Stream index: 6]
  > [Conversation completeness: Incomplete, DATA (15)]
    [TCP Segment Len: 0]
    Sequence Number: 1    (relative sequence number)
    Sequence Number (raw): 3896136295
    [Next Sequence Number: 1    (relative sequence number)]
    Acknowledgment Number: 1    (relative ack number)
    Acknowledgment number (raw): 2970220120
    0101 .... = Header Length: 20 bytes (5)
  > Flags: 0x010 (ACK)
    Window: 1026
    [Calculated window size: 262656]
    [Window size scaling factor: 256]
    Checksum: 0x694b [unverified]
    [Checksum Status: Unverified]
    Urgent Pointer: 0
  > [Timestamps]
  > [SEQ/ACK analysis]
<
```

그림 7-40 3방향 핸드셰이크 패킷에서 세 번째 패킷

이처럼 3개의 패킷을 주고받은 서버와 클라이언트는 연결 상태를 유지하게 되고 데이터를 주고받은 후 연결을 종료하게 된다. 여기서 중요한 점은 순서 번호와 응답 번호로 서로의 연결을 계속 동기화하면서 통신한다는 점이다.

07-6 TCP의 포트 상태

TCP를 이용하는 클라이언트 프로그램과 서버 프로그램이 서로의 포트 번호로 연결을 수립하고 데이터를 주고받고 연결을 종료하는 과정을 거치면서 사용하는 포트의 상태는 계속 변경된다.

다음 그림은 이러한 내용을 보여 주는 TCP 상태 다이어그램이다. 실선은 클라이언트의 상태 변화 과정이고, 점선은 서버의 상태 변화 과정이다. 패킷을 주고받는 과정과 함께 자세히 알아보자.

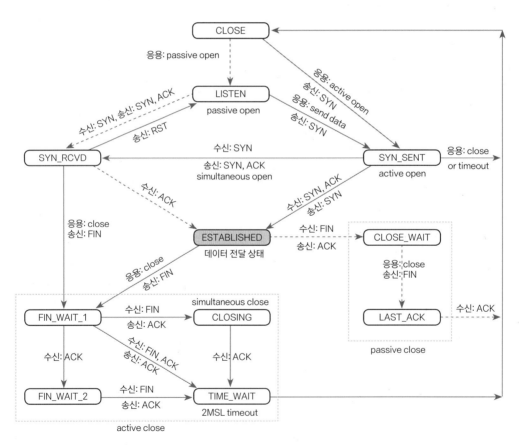

그림 7-41 TCP 상태 다이어그램

먼저 서버 프로그램을 실행하면 포트 번호의 상태를 LISTENING으로 변경한다. LISTENING 상태는 클라이언트의 요청을 항상 귀 기울여 듣고 있는 상태로 생각하면 된다. 서버가 정상으로 실행 중이라면 클라이언트는 TCP를 이용해 3방향 핸드셰이크 과정을 시작하는데, 이때 클라이언트가 첫 번째 패킷에 SYN 플래그를 설정해서 보내면 클라이언트는 SYN_SENT 상태가 된다.

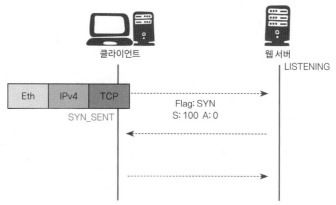

그림 7-42 클라이언트가 서버에 연결 요청할 때의 상태

클라이언트의 패킷을 받은 서버는 SYN_RECEIVED 상태가 되고 SYN과 ACK 플래그로 패킷을 작성해서 보낸다. 이때 서버가 사용하는 포트는 다른 클라이언트의 요청도 받을 수 있도록 LISTENING 상태를 유지하면서 현재 패킷을 주고받는 사용자와의 상태만 SYN_RECEIVED로 변경하는 것이다.

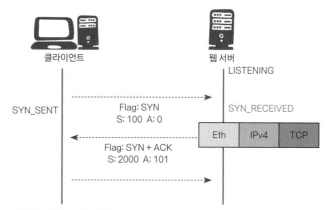

그림 7-43 서버가 클라이언트의 요청을 수락하면서 자신도 연결을 요청할 때의 상태

서버로부터 요청과 응답을 받은 클라이언트는 마지막으로 응답 프로토콜을 작성해서 보내고, 연결이 수립되었다는 의미로 자신의 포트 상태를 ESTABLISHED로 변경한다.

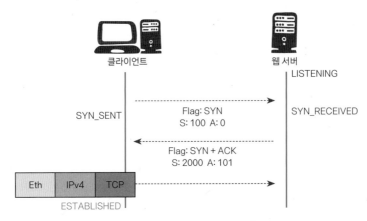

그림 7-44 클라이언트가 서버의 요청을 수락할 때의 상태

그리고 해당 패킷을 받은 서버도 포트의 상태를 ESTABLISHED로 변경한다.

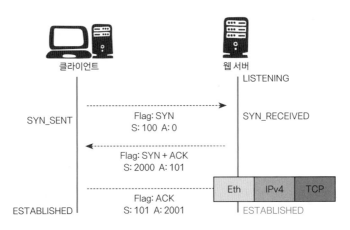

그림 7-45 서버가 클라이언트의 수락을 전달받을 때

여기서 핵심은 서버가 **LISTENING** 상태여야 클라이언트가 요청을 보낼 수 있고, 클라이언트와 서버 두 프로그램이 연결된 상태는 **ESTABLISHED**라는 점이다. 바꿔 말하면 클라이언트와 서버 프로그램이 정상으로 동작하고 있고 데이터를 주고받을 수 있는지 확인하려면 현재 두 프로그램의 포트 상태를 확인하면 된다.

Do it! 실습 ▶ TCP 포트 상태 확인하기

이번 실습에서는 TCP를 이용하는 서버와 클라이언트가 연결된 상태를 확인해 보자.

1단계 웹 브라우저를 실행하고 www.naver.com에 접속한다.

2단계 명령 프롬프트를 실행하고 `netstat -ano` 명령어를 실행한다. `netstat -ano`는 현재 컴퓨터에서 실행 중인 프로그램과 해당 프로그램이 사용하는 포트 번호를 확인할 수 있는 명령어다.

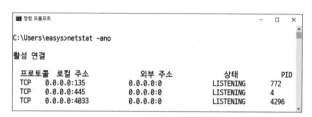

그림 7-46 netstat -ano 명령어 실행

명령어 실행 결과에서 각 필드는 다음과 같은 내용을 보여 준다.

- **프로토콜**: 포트를 사용 중인 프로토콜이 TCP인지 UDP인지 표시
- **로컬 주소**: 내 컴퓨터의 IP 주소와 프로그램이 사용 중인 포트 번호
- **외부 주소**: 내 컴퓨터의 프로그램과 연결된 컴퓨터의 IP 주소와 프로그램의 포트 번호
- **상태**: 현재 포트의 상태
- **PID**: 해당 포트를 사용 중인 프로그램의 아이디(아이디는 운영체제가 할당)

3단계 실행 결과에서 외부 주소의 포트 번호가 443인 내용을 살펴보자. 다음 그림에서 상자로 표시한 부분을 해석해 보면 TCP를 사용해 IP 주소가 **192.168.123.200**인 내 컴퓨터에서 21276번 PID로 실행 중인 프로그램이 51122번 포트를 사용하고 있다. 그리고 IP 주소가 **142.250.207.78**인 컴퓨터에서 실행 중인 프로그램이 사용 중인 443번 포트와 `ESTABLISHED` 상태로 연결되어 있다.

```
🖳 명령 프롬프트                                                      –  □  ×
TCP     192.168.123.200:51120    20.198.167.116:443      ESTABLISHED    20152
TCP     192.168.123.200:51122    142.250.207.78:443      ESTABLISHED    21276
TCP     192.168.123.200:51123    172.217.27.46:443       ESTABLISHED    21276
TCP     192.168.123.200:51124    142.250.204.74:443      ESTABLISHED    21276
TCP     192.168.123.200:51125    172.217.27.46:443       ESTABLISHED    21276
```

그림 7-47 프로그램 연결 정보

4단계   PID 21276번을 사용 중인 프로그램이 무엇인지 확인해보자. Ctrl + Shift + Esc 를 눌러 작업 관리자를 실행한다. 그리고 열머리에 마우스 오른쪽 버튼을 누르고 [PID]를 선택한다. 이렇게 하면 운영체제가 프로그램에 할당한 PID를 확인할 수 있다.

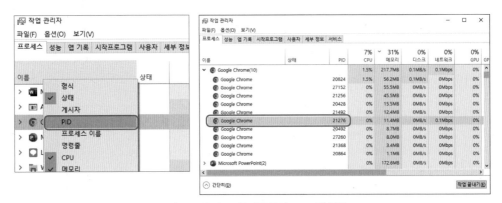

그림 7-48 특정 PID를 사용 중인 프로그램 확인

프로그램 목록에서 네이버에 접속할 때 사용한 웹 브라우저를 확장해 보면 PID가 21276인 프로그램이 보인다. 즉, 내 컴퓨터에서 실행 중인 웹 브라우저와 인터넷상에서 IP 주소가 142.250.207.78인 컴퓨터에서 실행 중인 프로그램이 연결되었음을 알 수 있다.

되 | 새 | 김 | 문 | 제

지금까지 배운 내용을 활용해
문제를 해결해 보세요!

▶ 정답: 244~245쪽

문제 01 서비스를 제공하는 프로그램과 서비스를 이용하는 프로그램을 각각 무엇이라고 하는가?

문제 02 데이터를 안전하게 주고받기 위해 클라이언트와 서버가 통신하면서 잘 전달되었는지 빠진 것은 없는지 계속 확인하면서 통신하는 대표적인 4계층 프로토콜은 무엇인가?

문제 03 클라이언트가 서버에 연결을 요청하기 위해 TCP 프로토콜을 캡슐화해서 패킷을 보낼 때 가장 먼저 보내는 패킷의 TCP에는 어떤 플래그를 설정하는가?

문제 04 클라이언트와 서버가 맨 처음 데이터를 주고받기 위해서 서로 연결을 수립하는 과정을 무엇이라고 하는가?

문제 05 4계층에서 사용하는 주소는 무엇인가?

문제 06 연결이 수립된 두 프로그램은 _____ 번호와 _____ 번호로 서로의 연결을 동기화하면서 통신한다. 빈칸에 들어갈 단어는 각각 무엇인가?

문제 07 서버가 클라이언트의 연결을 기다리고 있는 상태는 무엇인가?

문제 08 클라이언트와 서버가 잘 연결된 상태는 무엇인가?

문제 09 프로그램끼리 연결된 상태를 확인하기 위한 명령어는 무엇인가?

문제 10 서버와 클라이언트 프로그램 중 연결을 요청하는 쪽은 항상 어느 쪽인가?

HTTP 통신 요청

인터넷으로 가장 많이 이용하는 서비스는 웹 서비스이다. 과거의 웹 서비스는 단순히 웹 서버에서 웹 페이지를 제공하는 정도였지만, 요즘은 사진, 음성, 영상, 심지어는 게임까지 제공한다. 이번 장에서는 클라이언트 관점에서 웹 서비스를 어떻게 이용하는지 자세히 알아본다.

08-1 HTTP 프로토콜 알아보기   08-2 HTTP 요청 프로토콜의 구조

핵심 키워드

HTTP   HTTP 메서드   URL   URI   HTML   CSS

자바스크립트   프런트엔드 코드(frontend code)   백엔드 코드(backend code)

08-1 HTTP 프로토콜 알아보기

HTTP는 웹 서비스를 이용할 때 사용하는 프로토콜이다. HTTP는 OSI 모델에서 7계층의 대표적인 프로토콜이다. HTTP는 클라이언트–서버 모델을 기반으로 동작한다. 따라서 HTTP를 사용하는 클라이언트 프로그램과 서버 프로그램으로 나눠서 볼 수 있다.

이번 장에서는 대표적인 클라이언트 프로그램인 웹 브라우저 관점에서 웹 서버에 요청할 때 HTTP 프로토콜이 어떤 형식으로 작성되고 동작하는지 알아보자. 그리고 웹 서버 관점에서 응답하는 과정은 09장에서 알아본다.

웹 브라우저가 하는 일

웹 브라우저는 대표적인 웹 클라이언트 프로그램으로 크롬^{Chrome}, 엣지^{Edge}, 사파리^{Safari}, 파이어폭스^{Firefox} 등 여러 종류가 있다. 하지만 웹 브라우저가 하는 일은 대부분 비슷하다.

그림 8-1 웹 서버에서 여러 파일을 받아와 화면에 보여 주는 웹 브라우저

웹 브라우저는 사용자가 웹 페이지에서 클릭하거나 입력한 내용을 HTTP 프로토콜로 만들어서 웹 서버에 요청하고, 웹 서버가 응답한 웹 페이지 파일을 화면에 출력해 준다.

웹 페이지 파일(HTML, CSS, 자바스크립트)

웹 페이지 파일은 보통 HTML, CSS, 자바스크립트 파일로 이루어져 있다. HTML은 웹 페이지에서 보여 줄 내용을 작성해 둔 문서 파일이고, CSS는 해당 내용을 예쁘게 보여 주려고 작성해 둔 디자인 설정 파일이다. 자바스크립트^{JavaScript}는 웹 페이지에서 다양한 기능을 실행하도록 작성된 스크립트 파일이다.

기본 HTML 파일에는 디자인이 적용되어 있지 않아 예쁘지도 않고 내용이 복잡해서 서비스를 이용하는 사람들이 불편할 수 있다. 여기에 CSS로 디자인을 적용하면 요소들의 모양이나 위치 등을 설정하여 웹 페이지를 꾸밀 수 있다. 그리고 자바스크립트로 기능까지 추가하면 마우스를 특정 위치에 올렸을 때, 특정 요소를 클릭했을 때, 키보드로 무언가를 입력했을 때 등 웹 페이지에 여러 가지 동작을 추가할 수 있다.

크롬 웹 브라우저에서 F12를 누르면 다음 그림처럼 개발자 도구가 열리는데, 현재 보고 있는 웹 페이지를 구성하는 HTML, CSS, 자바스크립트 코드를 확인할 수 있다.

그림 8-2 크롬에서 HTML, CSS, 자바스크립트 코드 확인

프런트엔드 코드와 백엔드 코드 비교

일반적으로 HTML, CSS, 자바스크립트와 같은 파일에 작성된 내용은 프런트엔드 코드라고 부른다. 그리고 자바(Java), PHP, 파이썬(Python) 언어로 작성된 코드를 백엔드 코드라고 부른다. 프런트엔드 코드와 백엔드 코드는 실행되는 위치에 차이가 있다.

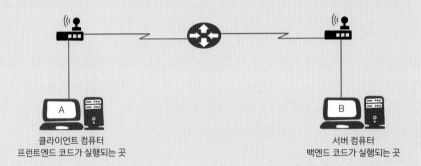

클라이언트 컴퓨터
프런트엔드 코드가 실행되는 곳

서버 컴퓨터
백엔드 코드가 실행되는 곳

프런트엔드 코드는 서버에서 내려받아 클라이언트 컴퓨터에서 실행된다. 백엔드 코드는 클라이언트가 요청하면 서버 컴퓨터에서 실행되고 그 결과만 클라이언트에게 알려 준다. 프런트엔드 코드는 클라이언트 컴퓨터에서 실행되므로 클라이언트가 해당 코드를 보거나 변경할 수 있다. 따라서 중요한 정보나 중요한 기능을 프런트엔드 코드로 작성하면 노출되거나 변조될 수 있다.

대표적인 예가 마우스 오른쪽 클릭 방지이다. 마우스 오른쪽 클릭 방지와 같은 기능은 보통 자바스크립트로 작성하는데, 웹 브라우저에서 자바스크립트를 사용하지 못하도록 하면 마우스 오른쪽 클릭이 가능해진다.

크롬의 자바스크립트 끄기 기능

08-2 HTTP 요청 프로토콜의 구조

이 책에서 지금까지 알아본 프로토콜들은 16진수로 이루어졌다. 따라서 숫자들이 의미하는 내용을 바로 알아보기는 쉽지 않다. 하지만 HTTP는 다른 프로토콜과 달리 문자로 되어 있어서 내용을 쉽게 읽을 수 있다.

• HTTP 요청 프로토콜 구조

```
POST /api/member/login HTTP/1.1
Host: www.doit-network.com
User-Agent: Mozilla/5.0 (Windows; NT 10.0; Win64; x64) AppleWebKit/537.36 (KHTML, like Gecko)
Chrome/90.0.4430.93 Safari/537.36
Content-Type: application/json

{"email":"test@test.com", "password":"qwer1234"}
```

보통 HTTP 프로토콜은 **시작 줄**^{start line}, **헤더**^{header}, **보디**^{body} 크게 3가지 부분으로 나뉘는데, 요청할 때와 응답할 때 각 부분이 다르게 설정된다. 여기서는 HTTP 요청 프로토콜만 살펴보고 HTTP 응답 프로토콜은 09장에서 살펴보자.

HTTP 요청 시작 줄

HTTP 요청 프로토콜의 시작 줄은 HTTP 메서드, URL, HTTP 버전으로 구성된다.

| 요청 메서드 | 공백 | URL | 공백 | HTTP 버전 |

그림 8-3 HTTP 요청 프로토콜의 시작 줄

HTTP 메서드는 클라이언트가 웹 서버에 요청하는 방식을 구분하여 미리 알려 주는 기능을 한다. 메서드마다 특정한 의미가 있고, 웹 서버는 클라이언트의 요청 메서드를 확인해 그에 맞는 응답을 보낸다. **URL 주소**는 웹 서버에 저장된 특정 파일의 위치를, **HTTP 버전**은 요청할 때 사용하는 HTTP의 버전을 나타낸다. 각 요소를 자세히 살펴보자.

HTTP 메서드 종류

HTTP 메서드는 웹 클라이언트 프로그램과 웹 서버 프로그램 간 통신에서 어떤 동작을 수행할지를 정의하는 방식으로, GET, POST, PUT, DELETE, PATCH, HEAD, OPTIONS, TRACE가 있다.

- **GET**: 특정 데이터를 요청할 때 사용하며 웹 브라우저에서 뭔가를 클릭하거나 주소 창에 주소를 입력했을 때 사용. 주로 특정 페이지를 보내달라는 의미로 사용
- **POST**: 데이터를 서버로 전송하여 서버에서 해당 데이터를 저장하거나 변경, 조회하는 데 사용하며 회원 가입, 로그인, 파일 업로드 등에서 주로 사용
- **PUT**: 서버에 저장해 둔 데이터의 내용을 모두 변경할 때 사용
- **DELETE**: 서버에 저장해 둔 데이터를 삭제하도록 요청할 때 사용
- **PATCH**: 서버에 저장해 둔 데이터의 내용을 일부만 변경할 때 사용
- **HEAD**: GET과 유사하지만, HTTP 응답 프로토콜에서 보디 부분을 제외하고 헤더 정보만 응답
- **OPTIONS**: 서버가 지원하는 메서드나 특정 리소스에 대한 통신 옵션을 확인하기 위해 사용
- **TRACE**: 클라이언트가 서버에 보낸 요청 메시지를 그대로 돌려받아 디버깅이나 성능 측정 목적으로 사용

메서드는 웹 서비스를 제공하는 서버를 어떻게 설정하고 개발했는지에 따라서 모두 사용할 수도 있고 일부만 사용할 수도 있다. 일반적으로 GET과 POST 메서드를 가장 많이 사용하며 다른 메서드는 보안 때문에 사용하지 못하게 설정하기도 한다.

GET과 POST 비교

웹 브라우저는 특정 웹 페이지를 요청하면서 웹 서버가 요청을 처리할 때 필요한 데이터를 보낸다. 예를 들어 웹툰 목록에서 사용자가 선택한 웹툰을 구분하는 아이디를 보내거나 로그인하기 위해 아이디와 비밀번호를 보내는 것처럼 웹 서버가 요청을 처리할 때 필요한 데이터를 보낸다.

이때 GET 메서드나 POST 메서드를 이용할 수 있는데 둘은 웹 클라이언트 프로그램이 웹 서버 프로그램에 무언가를 요청한다는 점과 요청할 때 데이터를 전달한다는 공통점이 있다. 하지만 데이터를 전달하는 방식과 데이터의 종류에는 차이가 있다.

GET 방식은 서버에 데이터를 보낼 때 URL에 데이터를 포함해서 보낸다. 따라서 웹 브라우저에 클라이언트가 보낸 데이터가 그대로 노출된다. 따라서 GET 방식은 노출되어도 상관없는 일반 데이터를 보낼 때 주로 사용한다.

예를 들어 웹툰 사이트에서 보고 싶은 웹툰을 클릭하면 해당 웹툰을 식별하는 아이디가 서버에 전달되는데, GET 방식으로 요청을 보내면 해당 데이터가 웹 브라우저의 주소 창에 노출된다.

그림 8-4 URL 주소에 데이터를 포함해서 보내는 GET 방식

POST 방식은 클라이언트가 보내는 데이터를 HTTP 요청 프로토콜의 보디에 포함해서 보내므로 외부에 노출되지 않아 GET 방식보다 안전하다. 따라서 로그인이나 회원 가입할 때 아이디와 비밀번호 같은 중요한 정보를 보낼 때는 POST 방식을 사용한다.

하지만 POST 방식으로 데이터를 보낸다고 하더라도 HTTP 패킷을 와이어샤크로 캡처해 보면 전달되는 내용을 그대로 확인할 수 있다. 이렇게 패킷의 내용이 노출되는 것을 방지하려면 SSL 같은 암호화 프로토콜로 사용자의 데이터를 보호해야 한다.

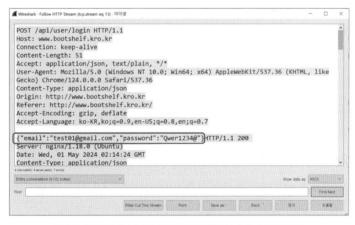

그림 8-5 HTTP의 보디에 데이터를 포함해서 보내는 POST 방식

URL 주소

URL^uniform resource locator은 인터넷상에 있는 특정 자원을 찾아가기 위한 주소이다. URL은 HTTP 프로토콜에서만 사용하는 것이 아니라, 인터넷상에서 특정 컴퓨터, 프로그램을 찾아 데이터를 전달할 때 사용한다.

URL은 다음과 같은 구조로 되어 있다.

• URL 구조

프로토콜**://**IP_주소**[:**포트_번호**][/**경로**][?**질의_문자열**]**

프로토콜은 서버와 데이터를 주고받을 때 사용할 프로토콜을 지정하는 부분이다. **IP 주소**에
는 특정 서버 프로그램이 실행 중인 컴퓨터를 찾아가기 위한 주소를 작성한다. 컴퓨터를 찾아
가는 주소이므로 IP를 입력해야 하지만, 일반적으로는
naver.com처럼 도메인 주소*를 사용한다.

> * 도메인 주소는 IP 주소로 자동 변경된다. 도메인 주소가 어떻게 IP 주소로 바뀌는지는 11장에서 알아본다.

포트 번호는 OSI 4계층에서 배운 프로그램을 찾아가기 위한 주소이다. **경로**에는 IP 주소와
포트 번호로 찾아간 서버 프로그램에 설정된 특정 위치를 기준으로 클라이언트가 응답받고
싶은 파일의 경로를 입력한다. 마지막에 있는 **질의 문자열**query string은 서버에 저장된 파일에 전
달할 데이터를 입력하는 부분이다.

다음은 HTTP 요청 프로토콜의 URL을 작성해 본 예이다.

---

http**://**192.168.10.100**:**80**/**dir**/**file**?**data=1234

HTTP 프로토콜을 사용해 192.168.10.100 IP 주소를 사용하는 컴퓨터를 찾아가서 80번 포
트로 실행 중인 웹 서버 프로그램에, 서버가 지정한 경로에 저장된 dir 폴더 아래 file이라는
이름의 파일을 요청하는 URL이다.

이때 해당 파일에 **data=1234**라는 데이터를 전달한다. 만약 file이라는 이름의 파일이 소스 코
드로 작성돼 있다면 **data=1234**라는 데이터를 받아서 개발자가 작성한 코드의 내용대로 처리
해 준다. 예를 들면 1234번 게시글의 내용을 불러오는 처리를 해줄 수 있다.

URL과 URI 비교

URL(uniform resource locator)과 URI(uniform resource identifier)는 이름이 비슷하고 용도도 거의 같아서 헷갈릴 수 있다. URL은 서버 프로그램이 실행 중인 컴퓨터의 특정 위치(locator)를 가리키므로 서버 컴퓨터에 저장된 파일의 위치와 이름을 의미한다. 예를 들어 파일이 저장된 위치가 C:\test\abc.html이고 웹 서버 프로그램에 클라이언트가 요청한 파일은 C:\에서 찾도록 설정되어 있다면, 클라이언트는 URL의 경로 부분에 /test/abc.html처럼 입력한다.

하지만 URI는 위치가 아니라 특정 식별자(identifier)를 의미한다. 예를 들어 웹 서버 프로그램에 /qwe라는 식별자가 C:\test\abc.html이라고 설정되어 있다면, 클라이언트는 URI의 경로 부분에 /qwe라고만 입력한다. 하지만 실제 서버가 클라이언트에 전달하는 데이터는 서버 컴퓨터에 저장된 C:\test\abc.html 파일이다.

웹 서버의 종류나 설정에 따라 URL을 사용할 수도 있고 URI를 사용할 수도 있다.

HTTP 버전

HTTP 프로토콜은 처음 등장했을 때부터 지금까지 계속해서 단점을 개선하고 새로운 기능을 추가하면서 발전했다. 처음 나왔을 때부터 가장 최신까지 어떻게 발전했는지 알아보자

HTTP/0.9 가장 초기 버전의 매우 간단한 형태로, 단순히 HTML 문서를 주고받는 데 사용됐다. 헤더로 추가할 수 있는 정보가 거의 없고 오직 GET 메서드만 지원했다.

HTTP/1.0 헤더와 메서드가 몇 가지 추가되었고, 간단한 요청과 응답을 처리하는 데 사용되었다. 각 요청에 대해 새로운 연결을 생성하는 방식을 사용했는데, 초창기 웹 페이지는 하나의 HTML파일로 이뤄진 간단한 형식이어서 크게 문제가 되진 않았다. 하지만 웹이 점점 발전함에 따라 하나의 웹 페이지에 여러 가지 데이터를 전송할 필요가 생기면서, 요청 때마다 새로운 연결을 생성하는 방식은 비효율적이었다.

HTTP/1.1 현재 가장 일반적으로 사용하는 버전으로, 한 번의 연결로 여러 데이터를 받아올 수 있게 개선되었다.

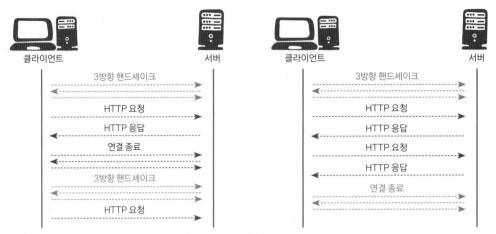

그림 8-6 HTTP/1.0 버전(왼쪽)과 HTTP/1.1 버전(오른쪽) 비교

HTTP/2 성능 개선을 목표로 헤더 압축, 우선순위 설정, 바이너리 프레임 등의 새로운 기술을 도입했다.

HTTP/3 기존 버전들은 전송 계층의 TCP 프로토콜을 사용했지만, HTTP/3 버전에서는 QUIC^quick UDP internet connections를 사용해 빠른 연결을 제공한다. 가장 최신 버전으로 이를 적용한 기업은 아직 드물다.

HTTP 요청 헤더

HTTP 프로토콜의 헤더는 클라이언트와 서버가 데이터를 주고받으면서 필요한 추가 정보를 제공하는 데 사용된다. 클라이언트와 서버에 따라서 헤더는 얼마든지 추가될 수 있다. 여기서는 가장 일반적으로 사용하는 헤더를 알아보자.

- **호스트**(Host): 클라이언트가 입력한 URL에서 호스트 주소와 포트 번호를 설정한다. HTTP/1.1 버전에서는 필수로 입력해 줘야 한다.
- **사용자 에이전트**(User-Agent): 운영체제 버전, 웹 브라우저의 버전 등의 클라이언트 프로그램에 대한 정보를 설정한다.
- **쿠키**(Cookie): 이전에 서버에서 받은 정보가 있다면 쿠키에 포함하여 서버에 전송한다.
- **콘텐트 형식**(Content-Type): 요청할 때 보내는 데이터의 형식을 의미한다.
- **콘텐트 길이**(Content-Length): 요청할 때 보내는 데이터의 크기를 의미한다.

웹 페이지의 데스크톱 버전과 모바일 버전

웹 사이트를 이용할 때 컴퓨터에서 웹 브라우저로 접속했을 때와 모바일에서 웹 브라우저로 접속했을 때 서로 다른 모양으로 보이는 사이트가 있다. 이런 사이트는 사용자 에이전트 (User-Agent) 헤더를 이용해 사용자의 환경에 맞는 웹 페이지를 보여 주는 것이다.

다음 URL에 접속헤 보면 사용자 에이전트 정보를 간단히 확인해 볼 수 있다.

• **사용자 에이전트 정보 확인:** https://www.whatismybrowser.com/detect/what-is-my-user-agent

웹 브라우저가 HTTP 요청 프로토콜을 서버에 보낼 때 사용자 에이전트 헤더에 사용자가 이용 중인 운영체제, 웹 브라우저 버전 등의 정보를 보내는데, 이 정보를 받은 서버가 사용자의 환경에 맞는 웹 페이지를 보내주는 것이다.

따라서 컴퓨터든지 모바일이든지 해당 정보만 변경해서 서버에 전달하면 컴퓨터에서도 모바일용 화면을 보거나 모바일에서 PC용 화면을 볼 수도 있다.

필자의 사용자 에이전트 정보

HTTP 요청 보디

클라이언트에서 서버로 요청을 보낼 때에 POST 메서드를 이용하면 데이터를 HTTP 프로토콜의 보디에 포함해서 보낸다. 이때 데이터의 형식에 따라 헤더의 콘텐트 형식(Content-Type)이 달라진다. 대표적인 콘텐트 형식과 데이터를 보내는 방법을 알아보자.

application/x-www-form-urlencoded

기본적 문자 형태의 데이터를 보낼 때 사용하는 형식으로 클라이언트가 서버로 보내는 데이터는 키-값$^{key-value}$ 쌍으로 이루어지며 각각의 쌍은 &로 구분한다.

• **application/x-www-form-urlencoded 형식**

```
POST /login HTTP/1.1
Host: example.com
Content-Type: application/x-www-form-urlencoded

email=test01@test.com&password=qwer1234
```

multipart/form-data

사진이나 파일 업로드와 같은 데이터를 전송할 때 사용한다. `multipart/form-data;` 뒤에 지정한 boundary를 이용해서 각 데이터를 파트로 나누고, 파트마다 콘텐트 형식을 다시 작성해서 전송한다.

• multipart/form-data 형식

```
POST /login HTTP/1.1
Host: example.com
Content-Type: multipart/form-data; boundary=----------------------------1234567890


----------------------------1234567890
Content-Disposition: form-data; name="id"

test01@test.com
----------------------------1234567890
Content-Disposition: form-data; name="password"

qwer1234
----------------------------1234567890
Content-Disposition: form-data; name="image"; filename="profile.png"
Content-Type: image/png

[Binary image data]
```

---

application/json

자바스크립트로 데이터를 전송할 때 일반적으로 사용하는 JSON 형식의 데이터를 전송할 때 사용한다.

• application/json 형식

```
POST /login HTTP/1.1
Host: example.com
Content-Type: application/json

{
  "email": "test01@test.com",
  "password": "qwer1234"
}
```

Do it! 실습 ▶ HTTP 요청 프로토콜 작성해 보기

이번 실습에서는 HTTP 요청 프로토콜을 직접 작성해서 웹 서버에 요청을 보내 보자. HTTP 프로토콜은 알아볼 수 있는 글자로 되어 있어서 직접 작성할 수 있다. 우선 HTTP 요청 프로토콜을 작성해서 보낼 수 있도록 nmap에서 제공하는 ncat이라는 프로그램을 설치해 보자.

1단계 웹 브라우저에서 nmap.org/download#windows로 접속해서 nmap 설치 프로그램을 내려받는다. 참고로 버전은 달라져도 실습에는 문제가 없다.

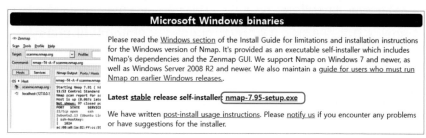

그림 8-7 nmap 설치 프로그램 내려받기

2단계 내려받은 파일을 실행해서 프로그램을 설치한다. 여러 가지 프로그램을 설치할 수 있는데 ncat만 필요하므로 [Nmap Core File], [Register Nmap Path], [Ncat]을 체크한 후 설치한다.

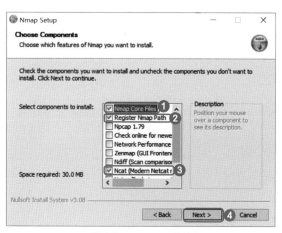

그림 8-8 ncat 프로그램 설치

3단계 명령 프롬프트를 실행하고
"ncat www.naver.com 80" 명령어를
실행한다.

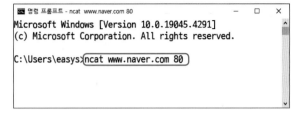

그림 8-9 ncat 명령어 실행

ncat www.naver.com 80 명령어는 ncat 프로그램으로 www.naver.com 주소를 사용하는 컴퓨터 중 80번 포트를 사용하는 프로그램과 연결한다는 의미이다. 이 명령어를 실행하면 ncat이 OSI 4계층 프로토콜인 TCP를 사용하여 네이버의 웹 서버 프로그램과 연결 수립 과정을 거친다.

정상으로 연결되면 아무것도 출력되지 않고 입력 커서가 다음 줄로 이동한 것을 볼 수 있다. 여기에 HTTP 요청 프로토콜을 직접 작성해서 보내면 네이버의 웹 서버에 전달된다.

4단계 HTTP 요청 프로토콜을 다음처럼 작성해 보자. GET 메서드 방식으로 www. naver.com 주소의 /에 해당하는 URL로 HTTP/1.1 버전의 HTTP 프로토콜을 전송한다는 의미이다. 마지막에는 [Enter]를 2번 입력한다.

• HTTP 요청 프로토콜

```
GET / HTTP/1.1
Host: www.naver.com
```

그럼 네이버의 웹 서버가 요청을 받아서 다음과 같은 응답을 보내 준다.

• 네이버가 보내온 응답

```
HTTP/1.1 302 Moved Temporarily
Content-Type: text/html
Location: https://www.naver.com/
referrer-policy: unsafe-url
Server: nfront
Date: Wed, 01 May 2024 03:05:44 GMT
Connection: close
```

```
<html>
<head><title>302 Found</title></head>
<body>
<center><h1>302 Found</h1></center>
<hr><center> NWS </center>
</body>
</html>
```

가장 기본적인 형태의 HTTP 요청 프로토콜을 보낸 것이라 네이버의 웹 서버가 정상적인 웹 페이지를 보내 주진 않지만, 직접 작성한 HTTP 요청 프로토콜로도 통신이 가능한 것을 확인할 수 있다. 웹 브라우저는 ncat 같은 프로그램에 좀 더 많은 기능을 추가한 것으로 볼 수 있다.

되 | 새 | 김 | 문 | 제

지금까지 배운 내용을 활용해 문제를 해결해 보세요!

▶ 정답: 244~245쪽

문제 01 웹 서버와 웹 브라우저가 데이터를 주고받을 때 사용하는 7계층의 대표적인 프로토콜은 무엇인가?

문제 02 웹 브라우저가 웹 서버에 데이터를 요청할 때 어떤 데이터를 원하는지 또는 데이터를 요청하는 데 필요한 데이터를 서버 쪽으로 보내면서 요청하는데, 이때 데이터를 URL에 포함해 보내는 HTTP 메서드는 무엇인가?

문제 03 웹 브라우저가 웹 서버에 데이터를 요청할 때 어떤 데이터를 원하는지 또는 데이터를 요청하는 데 필요한 데이터를 서버 쪽으로 보내면서 요청하는데, 이때 데이터를 HTTP 보디에 포함해 보내는 HTTP 메서드는 무엇인가?

문제 04 웹 브라우저로 웹 서버로부터 전달받는 웹 페이지 중에서 화면에 표시되는 실제 내용을 작성해 둔 문서 파일은 무엇인가?

문제 05 웹 브라우저로 웹 서버로부터 전달받는 웹 페이지 중에서 화면에 표시되는 내용의 디자인을 작성해 둔 파일로, 버튼의 위치나 그림 파일의 크기 등을 설정하는 파일은 무엇인가?

문제 06 웹 브라우저로 웹 서버로부터 전달받는 웹 페이지 중에서 특정 기능이 실행될 수 있도록 하는 스크립트 코드를 작성하는 파일은 무엇인가?

문제 07 프런트엔드 코드와 백엔드 코드를 나누는 기준은 어느 쪽 컴퓨터에서 실행되느냐인데 이때 프런트엔드 코드는 _____ 컴퓨터에서 실행되고, 백엔드 코드는 _____ 컴퓨터에서 실행된다. 빈칸에 들어갈 알맞은 단어는 무엇인가?

문제 08 서버 프로그램이 실행 중인 컴퓨터에서 특정 파일이 저장된 위치를 찾아가기 위한 주소는 무엇인가?

문제 09 클라이언트가 서버에서 파일을 내려받을 때 서버가 지정한 식별자를 이용해서 내려받도록 하는 주소는 무엇인가?

문제 10 클라이언트에서 서버로 POST 메서드를 이용해서 데이터를 HTTP 프로토콜의 보디에 사진이나 파일 업로드와 같은 데이터를 전송할 때 사용하는 콘텐트 형식은 무엇인가?

HTTP 통신 응답

08장에서 클라이언트가 HTTP 요청을 보내는 방법을 알아
봤다. 이번에는 웹 서버 관점에서 클라이언트가 보낸 HTTP
요청 프로토콜에 응답하는 과정을 알아보자.

09-1 웹 서버가 하는 일   09-3 프런트엔드와 백엔드

09-2 HTTP 응답 프로토콜의 구조

핵심 키워드

상태 코드   상태 문구   JSON   웹 서버

웹 애플리케이션 서버   데이터베이스 서버

09-1 웹 서버가 하는 일

서버는 클라이언트로부터 받은 요청에 응답하는 역할을 하는데, 이때 요청을 처리하고 응답하는 방식에 따라 웹 서버, 웹 애플리케이션 서버, 데이터베이스 서버로 나눠 볼 수 있다. 이때 각 서버는 하나의 컴퓨터에서 실행할 수도 있지만, 일반적으로는 각각 분리된 컴퓨터에서 실행한다.

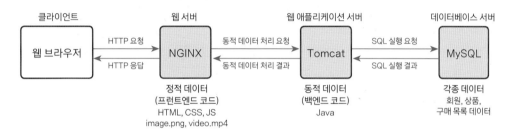

그림 9-1 웹 서버, 웹 애플리케이션 서버, 데이터베이스 서버

웹 서버는 단순히 서버 컴퓨터에 저장된 HTML, CSS, 자바스크립트 같은 웹 페이지나 이미지, 동영상, 음성 등의 파일을 HTTP 응답 프로토콜에 담아서 클라이언트에 보낸다.

웹 애플리케이션 서버는 서버에 저장된 파일을 그냥 보내는 것이 아니라, 프로그래밍 언어로 작성된 코드를 실행하여 서버 컴퓨터에 저장된 내용이나 데이터베이스 서버에 저장된 내용을 불러와 처리한 후 그 결과를 HTTP 응답 프로토콜에 담아서 클라이언트에 보낸다.

웹 서버는 저장된 파일의 내용을 변경하지 않고 그대로 보내므로 웹 서버가 보내는 데이터를 **정적 데이터**라고 한다. 웹 애플리케이션 서버는 단순히 파일의 내용을 보내는 것이 아니라, 파일의 내용을 처리한 후 변경할 내용이 있으면 변경해서 보내므로 **동적 데이터**라고 한다.

웹 서버 프로그램으로는 아파치 HTTP 서버(httpd)와 엔진엑스(Nginx)가 대표적이다. 두 서버는 몇 가지 설정과 추가 프로그램을 설치하여 웹 애플리케이션 서버로 동작하게 할 수도 있다.

Do it! 실습 ▶ 엔진엑스 설치하고 실행하기

이번 실습에서는 전 세계에서 많이 사용하는 웹 서버 중 하나인 엔진엑스를 설치해 보자.

1단계 웹 브라우저에서 nginx.org/en/download.html에 접속한 후 안정화 버전^{stable version}을 내려받는다. 내려받는 압축 파일에는 엔진엑스 서버를 실행할 수 있는 프로그램과 서버의 설정 파일들이 포함되어 있다.

그림 9-2 엔진엑스 홈 페이지에서 압축 파일 내려받기

2단계 C 드라이브처럼(C:\) 접근하기 편한 위치에 내려받은 압축 파일을 푼다. 압축을 푼

폴더에 있는 **nginx.exe** 파일을 더블클릭해 웹 서버를 실행한다. 이때 윈도우 보호 기능이 나오면 [추가 정보]를 클릭한 후 〈실행〉을 클릭한다.

그림 9-3 C 드라이브에 압축을 푼 모습

대부분의 서버 프로그램은 백그라운드에서 동작하므로 실행 화면이 보이지 않는다. 제대로 실행됐는지 확인해 보려면 TCP 포트의 상태를 확인해 보면 된다.

명령 프롬프트를 열고 `netstat -ano` 명령어를 입력한 후 80번 포트를 사용하는 프로그램을 확인한다.

```
선택 명령 프롬프트                                          —   □   ×
C:\Users\easys>netstat -ano

활성 연결

  프로토콜  로컬 주소              외부 주소              상태          PID
  TCP      0.0.0.0:80            0.0.0.0:0             LISTENING     22084
  TCP      0.0.0.0:135           0.0.0.0:0             LISTENING     752
  TCP      0.0.0.0:445           0.0.0.0:0             LISTENING     4
```

그림 9-4 80번 포트로 실행 중인 프로그램 확인

엔진엑스 웹 서버는 기본적으로 80번 포트를 사용한다. 그러니 내 컴퓨터에서 실행 중인 프로그램 중 80번 포트를 사용하는 프로그램이 있는지 확인하면 엔진엑스 웹 서버가 정상으로 실행 중인지 확인할 수 있다. 서버 프로그램은 클라이언트의 요청을 기다리기 위해 항상 LISTENING 상태이므로 쉽게 확인할 수 있다.

웹 서버가 요청 URL을 해석하는 방법

웹 서버가 클라이언트로부터 HTTP 요청 프로토콜을 받으면 그 안에는 특정 웹 페이지를 요청하는 URL이 포함되어 있다. 웹 서버는 URL을 확인하고 서버의 설정대로 HTTP 응답 프로토콜을 작성해서 클라이언트에 보낸다.

엔진엑스의 기본 설정 파일을 확인해 보면 다음과 같다.

```
• 엔진엑스 설정 파일                        C:\nginx-1.26.0\conf\nginx.conf

... (생략) ...
server {
    listen       80;
    server_name  localhost;
    location / {
        root   html;
        index  index.html index.htm;
    }
```

```
    error_page    500 502 503 504  /50x.html;
    location = /50x.html {
        root    html;
    }
}
... (생략) ...
```

location /에서 '/'는 URL에서 포트 다음에 오는 '/'를 의미한다. 만약 클라이언트가 요청한 URL이 http://192.168.10.100:80/abc/def였다면 서버는 location 설정에 따라 abc/def라는 경로를 전달받는다. 만약 location 설정을 'location /abc'로 바꾼다면, 서버는 def로만 전달받는다.

이렇게 전달받은 경로는 root html; 설정에 따라 지정된 경로에서 파일을 찾는다. root는 엔진엑스 프로그램이 서버에 저장된 웹 페이지나 각종 파일을 찾을 컴퓨터의 경로를 의미하는데, 예를 들어 root가 C:/test로 되어 있으면, 엔진엑스는 C:/test 폴더 안에서 전달받은 파일을 찾는다. 또 abc/def를 전달받으면 C:/test 안에서 abc 폴더를 찾고 def라는 이름의 파일을 찾아 HTTP 응답 프로토콜로 클라이언트에 보낸다.

현재는 root가 html로 설정되었으므로 엔진엑스가 설치된 곳의 html 폴더에서 클라이언트가 요청한 파일을 찾는다.

Do it! 실습 ▶ 엔진엑스 웹 서버에 URL로 요청 보내기

이번 실습에서는 엔진엑스 웹 서버에 파일을 저장해 두고, 웹 브라우저에 URL을 입력해서 해당 파일을 전달받아 화면에 출력해 보자.

1단계 엔진엑스 웹 서버가 설치된 위치에서 html 폴더 안에 **folder1/folder2** 폴더를 만들고 **file1.txt**라는 파일을 만든다. 즉, folder1/folder2/file1이라는 경로를 가지는 파일을 만든다. 해당 파일에 아무 문자열이나 작성하고 저장한다.

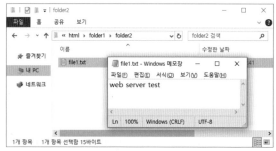

그림 9-5 실습할 폴더와 파일 생성

2단계   엔진엑스의 기본 설정 파일인 nginx.conf 파일을 열어 보면(웹 서버가 설치된 폴더에서 conf 폴더에 있음) 클라이언트가 요청한 파일을 엔진엑스 웹 서버가 설치된 곳에 있는 html이라는 폴더에서 파일을 찾도록 되어 있다. 해당 설정을 변경하면 변경한 위치에서부터 파일을 찾는다. 서버 프로그램의 설정 파일을 변경하면 서버 프로그램을 다시 시작해야 한다. 여기서는 기본값인 html 그대로 진행해 보자.

웹 브라우저를 열고 주소 창에 "`http://내_컴퓨터의_IP:80/folder1/folder2/file1.txt`"를 입력하고 `Enter`를 누른다. 그러면 웹 브라우저는 http://나 80번, 443번 같은 웹 서버가 기본으로 사용하는 포트는 생략해서 보여 준다.

그림 9-6 웹 브라우저로 파일을 받아서 연 모습

웹 브라우저의 주소 창에 입력한 내용을 보면 입력한 IP 주소로 컴퓨터를 찾아가서 80번 포트로 실행 중인 프로그램에게 /folder1/folder2/file1.txt 파일을 HTTP 프로토콜로 요청한다. 이 요청을 받은 엔진엑스 웹 서버는 요청 URL을 보고 해당 파일을 찾아서 보내 준다. 그리고 이 파일을 전달받은 웹 브라우저는 파일의 내용을 출력해 준다.

실습에서는 단순한 TXT 문서 파일이었지만, 실제 웹 사이트에서는 HTML, CSS, 자바스크립트 등 개발자들이 작성한 웹 페이지 파일를 받아서 웹 브라우저에 출력해 준다.

09-2 HTTP 응답 프로토콜의 구조

앞선 실습에서는 서버에 저장된 파일이 클라이언트에 전달되는 것을 확인했다. 웹 서버는 HTTP 응답 프로토콜로 웹 페이지나 파일을 클라이언트에 전달해 주는데, 이때 HTTP 응답 프로토콜은 다음과 같은 구조로 되어 있다.

> **• HTTP 응답 프로토콜 구조**
>
> ```
> HTTP/1.1 200 OK
> Server: nginx/1.18.0 (Ubuntu)
> Date: Wed, 01 May 2024 07:01:15 GMT
> Content-Type: text/html
>
> <!doctype html>
> <html>
> <head>
> <meta charset="utf-8">
> <title>doit</title>
> </head>
> <body><div id="app"></div></body>
> </html>
> ```

09장에서 알아본 HTTP 요청 프로토콜과 마찬가지로 시작 줄, 헤더, 보디로 구성되지만, 각 부분은 요청 프로토콜과는 조금 다르게 설정된다.

HTTP 응답 시작 줄

HTTP 응답 프로토콜의 시작 줄은 다음 그림과 같은 구조로 작성한다.

HTTP 버전	공백	상태 코드	공백	상태 문구

그림 9-7 HTTP 응답 프로토콜의 시작 줄

버전을 먼저 작성한 후 상태 코드와 상태 문구를 작성한다. 상태 코드는 세 자릿수이고 상태 문구는 상태 코드에 따라 정해진 값으로, 둘은 한 세트이다. 클라이언트에서는 이 상태 코드와 상태 문구로 요청이 정상으로 처리됐는지 확인할 수 있다. 특히 개발자들은 상태 코드를 보고 어디서 문제가 생겼는지 파악하기도 한다.

상태 코드와 상태 문구

상태 코드는 백의 자릿수로 범주를 구분하고 나머지 두 자릿수는 해당 범주에서 더 상세한 상태를 의미한다. 각각의 자릿수마다 클라이언트가 요청한 내용을 서버가 어떻게 처리했는지를 나타낸다.

100번 대 상태 코드는 클라이언트의 요청을 받았고 해당 요청이 처리 중임을 나타낼 때 사용한다. 일반적으로 많이 사용하지는 않는다.

200번 대 상태 코드는 서버가 클라이언트의 요청을 정상으로 받았고, 이에 대한 처리를 정상으로 수행음을 의미한다.

표 9-1 200번 대 상태 코드

상태 코드	의미	상태 문구
200	클라이언트의 전송 요청이 정상으로 처리되었음	Ok
201	클라이언트가 서버에 저장 또는 생성해 달라는 요청이 정상으로 처리되었음	Created
206	클라이언트가 서버에 요청한 내용의 일부만 처리되었음 일반적으로 용량이 큰 동영상 파일을 처리할 때 사용	Partial Content

300번 대 상태 코드는 클라이언트의 요청을 수행하기 위해서 추가 동작이 필요하다는 의미이다. 주로 다른 페이지로 다시 접속하라는 의미로 사용한다.

표 9-2 300번 대 상태 코드

상태 코드	의미	상태 문구
301	서버가 클라이언트에 요청한 주소가 변경되었음(영구)	Moved Permanently
307	서버가 클라이언트에 요청한 주소가 변경되었음(일시)	Temporary Redirect

301 응답을 받은 클라이언트는 자동으로 응답에 포함된 주소로 다시 요청을 보내 변경된 주소로 이동된다. 그리고 클라이언트 프로그램의 설정에 따라 일정 기간 동안은 새로운 주소를 저장해 두어, 이전 주소로 다시 요청이 발생했을 때 저장된 새로운 주소로 바로 요청을 보낸다.

307 응답을 받은 클라이언트는 자동으로 응답에 포함된 주소로 다시 요청을 보내 변경된 주소로 이동된다. 그리고 클라이언트에서는 상태 코드 301과 비슷하게 일정 기간 동안은 새로운 주소를 저장하여 사용하지만, 301만큼 오랫동안 유지하진 않는다.

400번 대 상태 코드는 클라이언트의 요청이 잘못되었음을 의미한다.

표 9-3 400번 대 상태 코드

상태 코드	의미	상태 문구
400	클라이언트의 요청을 서버가 이해할 수 없음 일반적으로 클라이언트가 서버에 보내야 하는 데이터를 보내지 않은 경우	Bad Request
401	클라이언트가 로그인해야지만 접근할 수 있는 곳에 로그인하지 않은 채로 접근했음	Unauthorized
403	클라이언트가 로그인했지만 권한이 없는 곳에 접근했음	Forbidden
404	클라이언트가 요청한 페이지를 서버에서 찾을 수 없음	Not Found

500번 대 상태 코드는 서버에서 클라이언트의 요청을 처리하는 중에 문제가 발생했음을 의미한다.

표 9-4 500번 대 상태 코드

상태 코드	의미	상태 문구
500	클라이언트가 어떤 요청을 보내든지 서버에서 처리 중 오류가 발생함 일반적으로 개발자가 코드를 잘못 작성했을 때 발생	Internal Server Error
503	서버가 현재 사용할 수 없는 상태여서 클라이언트의 요청을 처리할 수 없음 너무 많은 사용자가 동시에 접속하거나 디도스 공격 때 발생	Service Unavailable

응답 코드로 알아보는 오류 원인

개발자는 400번 대나 500번 대 코드로 서버가 응답할 때 해당 코드만 보고 어느 부분이 잘못되었는지 파악해서 고칠 수 있다. 400번 대 오류는 프런트엔드 코드가 잘못 작성되었음을 의미하고, 500번 대 오류는 백엔드 코드가 잘못 작성되었음을 의미한다.

HTTP 응답 헤더

HTTP 응답 헤더는 요청 헤더와 마찬가지로 사용하는 프로그램에 따라 얼마든지 추가될 수 있다. 여기서는 가장 일반적으로 사용되는 헤더만 알아보자.

- **서버**(Server): 서버에 대한 정보를 나타낸다. 프로그램 종류나 버전 등 서버의 정보를 클라이언트에 제공할 수 있지만, 보안을 위해선 서버의 설정을 통해 전송되지 않도록 하는 것이 좋다.
- **콘텐트 형식**(Content-Type): 응답할 때 보내는 데이터의 형식을 의미한다.
- **콘텐트 길이**(Content-Length): 응답할 때 보내는 데이터의 크기를 의미한다.
- **로케이션**(Location): 300번 대 상태 코드로 응답할 때 사용되며, 새로운 URL을 알릴 때 사용한다.
- **쿠키 설정**(Set-Cookie): 클라이언트의 웹 브라우저에 쿠키를 저장하도록 지시할 때 사용한다.

HTTP 응답 보디

웹 서버는 클라이언트가 요청한 웹 페이지나 파일을 보디에 포함해서 보내는데, 이때 보디에 포함할 데이터의 형식에 따라 헤더의 콘텐트 형식이 달라진다. 대표적인 콘텐트 형식과 데이터를 보내는 방법을 알아보자.

1. text/html
HTML 문서를 의미한다.

```
                                                                    • text/html
HTTP/1.1 200 OK
Content-Type: text/html

<!DOCTYPE html>
<html>
  <head>
    <title>Example HTML Page</title>
  </head>
  <body>
    <h1>Hello, World!</h1>
  </body>
</html>
```

2. application/json

JSON 형식의 데이터를 의미한다.

• application/json

```
HTTP/1.1 200 OK
Content-Type: application/json

{
  "key1": "value1",
  "key2": "value2",
  "key3": [1, 2, 3]
}
```

3. image/png

PNG 형식의 이미지를 의미한다.

• image/png

```
HTTP/1.1 200 OK
Content-Type: image/png

[이미지 파일]
```

4. text/css

웹 페이지를 꾸미는 CSS 스타일 시트를 의미한다.

• text/css

```
HTTP/1.1 200 OK
Content-Type: text/css

body {
  background-color: #ffffff;
  color: #000000;
}
```

09-3 프런트엔드와 백엔드

프로그램은 프로그래밍 언어로 코드를 작성하여 만든다. 웹 사이트를 만들 때도 마찬가지다. 이때 웹 사이트는 크게 프런트엔드와 백엔드를 분리해서 개발하고, 각각 웹 서버와 웹 애플리케이션 서버에 배포해서 서비스를 운영한다.

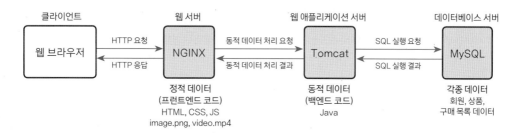

그림 9-8 웹 서버에 저장된 프런트엔드 코드와 웹 애플리케이션 서버에 저장된 백엔드 코드

프런트엔드와 백엔드를 나누는 기준은 개발자가 개발한 코드가 어디서 실행되는지로 쉽게 구분할 수 있다. 프런트엔드 코드는 웹 서버가 실행 중인 컴퓨터에 저장되어 있지만, 클라이언트의 요청에 따라 내려받아서 클라이언트 컴퓨터에서 실행된다.

하지만 백엔드 코드는 웹 애플리케이션 서버가 실행 중인 컴퓨터에 저장되어 있고, 실행도 해당 컴퓨터에서 실행된다. 웹 애플리케이션 서버는 HTTP 요청 프로토콜을 받으면 백엔드 코드를 실행하고, 클라이언트에는 백엔드 코드의 실행 결과만 HTTP 응답 프로토콜로 보낸다.

웹 서버와 웹 애플리케이션 서버의 동작 방식

클라이언트는 서버가 어떻게 구성되어 있든 상관없이 단지 웹 서버에 웹 페이지를 요청하고 받아오기만 하면 된다. 하지만 서버가 '웹 서버-웹 애플리케이션 서버-데이터베이스 서버'처럼 3계층 아키텍처로 구성되어 있다면, 서버는 어떻게 클라이언트의 요청을 처리하는 것일까? 클라이언트가 하나의 웹 페이지를 화면에 띄우기까지 어떤 과정을 거치는지 알아보자.

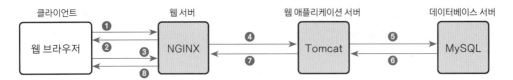

그림 9-9 3계층 아키텍처에서 웹의 동작 방식

❶ 클라이언트가 HTTP 요청 프로토콜로 웹 서버에 웹 페이지를 요청한다.

❷ 클라이언트의 HTTP 요청 프로토콜을 받은 웹 서버는 요청 프로토콜 내의 URL에 해당하는 HTML, CSS, 자바스크립트 파일을 HTTP 응답 프로토콜에 담아 전달한다. 이때 HTML 파일에는 변하지 않는 정적 데이터뿐만 아니라, 페이지나 상태에 따라 변하는 동적 데이터를 받기 위한 URL들도 포함돼 있다.

❸ 서버로부터 HTML, CSS, 자바스크립트 파일을 전달받은 클라이언트는 자바스크립트 코드를 실행하는데 여기에는 동적 데이터를 받아서 화면에 그리는 코드가 포함되어 있다. 동적 데이터를 받는 코드가 실행되면 다시 HTTP 요청 프로토콜을 작성하여 웹 서버로 전송한다.

❹ 다시 클라이언트의 요청을 받은 웹 서버는 동적 데이터를 처리하는 웹 애플리케이션 서버에 클라이언트의 요청을 전달한다.

❺ 웹 서버로부터 클라이언트 요청을 전달받은 웹 애플리케이션 서버는 필요한 데이터를 데이터베이스 서버에 요청한다. 이때는 HTTP 프로토콜이 아닌 SQL이라는 데이터베이스 언어를 사용한다.

❻ 웹 애플리케이션 서버에게 SQL 명령을 전달받은 데이터베이스 서버는 SQL 명령을 실행하고, 그 결과를 웹 애플리케이션 서버에 전달한다. 일반적으로 많이 사용하는 데이터베이스 서버는 데이터를 표 형태로 관리하므로 다음과 같은 형식으로 데이터를 전달한다.

표 9-5 데이터베이스 서버가 전달하는 데이터 형식

key1	key2	key3
value1	value2	1
value1	value2	2
value1	value2	3

❼ 웹 애플리케이션 서버는 데이터베이스 서버로부터 전달받은 SQL 명령어의 결과인 표 형태의 데이터를 다음과 같은 JSON^{JavaScript Object Notation} 형식으로 변경하여 HTTP 응답 프로토콜에 담아 웹 서버에 전달한다. JSON은 데이터를 저장하거나 전송할 때 많이 사용되는 형식으로 데이터를 키와 값의 쌍으로 표현한다.

• JSON 형식의 데이터 예

```
{
    "key1": "value1",
    "key2": "value2",
    "key3": [1, 2, 3]
}
```

❽ 웹 애플리케이션 서버에서 JSON 형식의 데이터를 전달받은 웹 서버는 그 내용을 그대로 클라이언트에게 보낸다. 마지막으로 해당 내용을 전달받은 클라이언트는 웹 브라우저 화면에 해당 내용을 보여 준다.

프런트엔드와 백엔드를 나누는 이유

프런트엔드와 백엔드를 나누는 이유는 여러 가지가 있지만 대표적인 이유는 3가지이다. 첫 번째는 역할과 책임을 분리하여 효율적으로 개발과 유지·보수를 하기 위해서다. 프런트엔드 개발자는 화면 구현에, 백엔드 개발자는 데이터 처리에 집중하여 개발한다. 각자의 역할에 맞는 내용에 집중하여 개발하므로 좀 더 효율적으로 개발할 수 있다.

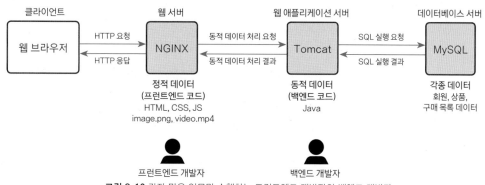

그림 9-10 각자 맡은 임무만 수행하는 프런트엔드 개발자와 백엔드 개발자

두 번째 이유는 서버의 부하를 분산하기 위해서다. 서버 컴퓨터의 사양을 최대로 높여서 모든 사용자의 요청을 처리할 수 있게 하면 좋겠지만, 높은 사양은 그만큼 비용이 든다. 그리고 아무리 사양이 좋은 컴퓨터여도 사용자가 많으면 여러 대를 사용하는 것만큼 성능을 발휘하기가 어렵다.

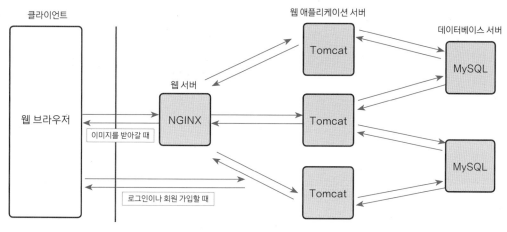

그림 9-11 역할별로 서버를 나눠 부하를 분산

하지만 컴퓨터를 100대, 1,000대 활용하면 동시에 여러 사용자가 접속하더라도 부하를 분산시켜 문제 없이 서비스를 제공할 수 있다. 보통은 단순 파일을 전송하는 웹 서버보다 백엔드 코드를 실행하는 웹 애플리케이션 서버의 부담이 크다. 따라서 동시 접속자가 많은 웹 서비스를 개발할 때는 웹 서버도 여러 대 두지만, 웹 애플리케이션 서버를 더 많이 구성한다.

더 알아보기

값싼 슈퍼 컴퓨터를 만드는 방법

미국 공군 연구소(AFRL)는 콘솔 게임기인 플레이스테이션3 1,760대로 슈퍼 컴퓨터를 제작했다. 당시 미국 국방성이 소유한 슈퍼 컴퓨터 중 가장 빠른 시스템이었으며, 전 세계에서도 33번째로 빠른 슈퍼 컴퓨터였다. 비슷한 성능의 슈퍼 컴퓨터를 직접 만드는 것보다 가격은 1/10밖에 안되었지만, 전력 소비량도 낮아 매우 효율적이었다. 이처럼 컴퓨터를 여러 대 연결하면 효율적으로 높은 성능의 시스템을 구성할 수 있다.

플레이스테이션3으로 만든 슈퍼 컴퓨터

마지막 이유는 보안과 관련이 있다. 프런트엔드 코드와 백엔드 코드는 어느 컴퓨터에서 실행되는지에 따라 구분한다고 했는데, 프런트엔드 코드는 클라이언트 컴퓨터에 내려받아 실행되므로 코드가 노출된다. 따라서 프런트엔드 코드로는 비밀번호처럼 중요한 데이터를 다루지 않는다.

하지만 백엔드 코드는 서버에서 실행되고 결과만 전달해 주므로 클라이언트가 해당 코드를 보거나 결과를 수정할 수 없다. 그래서 비밀번호처럼 중요한 데이터를 다룰 때는 모두 백엔드 코드로 작성한다.

프런트엔드 코드와 게임 해킹 프로그램

온라인 게임은 클라이언트 프로그램을 내려받아 내 컴퓨터에 설치하고 이를 실행해 게임 서버에 접속한다. 마치 웹 브라우저가 웹 서버에 접속해 데이터를 주고받는 것과 같다. 차이점이라면 게임 클라이언트 프로그램은 웹 페이지처럼 용량이 작아서 실시간으로 실행할 수 없으므로 한 번에 미리 받아서 설치해 두고 사용한다는 점이다.

게임 클라이언트 프로그램은 프런트엔드 코드라서 사용자의 컴퓨터에서 실행되므로 해커가 마음만 먹으면 내용을 임의로 변경할 수 있다. 이렇게 게임 데이터를 변경하는 해킹 프로그램을 '게임 해킹 프로그램'이라고 하며 '게임 핵'이라고도 한다.

만약 사용자의 컴퓨터에서 실행 중인 게임 클라이언트 프로그램에서 아이템의 수를 고친다면 어떨까? 백엔드에서는 이렇게 변조된 데이터가 실제 다른 사용자에게 반영되지 않도록 처리해 주어야 한다. 만약 개발자가 실수로 이런 처리를 놓친다면 게임 핵이 동작할 수 있게 된다.

문제 01 서버 컴퓨터에 저장된 HTML, CSS, 자바스크립트와 같은 웹 페이지나 이미지, 동영상, 음성 등의 파일을 HTTP 응답 프로토콜에 담아 클라이언트에 보내는 서버는 무엇인가?

문제 02 서버에 저장된 프로그램 코드를 실행한 후 그 결과를 HTTP 응답 프로토콜에 담아 보내는 서버는 무엇인가?

문제 03 일반적으로 웹 사이트를 운영할 때 데이터를 저장해 두는 용도로 사용하는 데이터베이스 서버는 데이터를 _____ 형태로 저장한다. 빈칸에 들어갈 알맞은 단어는?

문제 04 데이터를 저장하거나 전송할 때 많이 사용되는 형식으로 키와 값의 쌍으로 나타내는 데이터 형식은 무엇인가?

문제 05 클라이언트가 웹 서버에 요청한 파일이 웹 서버에 없을 때 웹 서버가 보내는 HTTP 프로토콜의 상태 코드와 상태 문구는 무엇인가?

문제 06　클라이언트가 권한이 없는 파일을 웹 서버에 요청했을 때 웹 서버가 보내는 HTTP 프로토콜의 상태 코드와 상태 문구는 무엇인가?

문제 07　웹 서버가 클라이언트의 요청을 처리하다가 오류가 발생한 경우 웹 서버가 보내는 HTTP 프로토콜의 상태 코드와 상태 문구는 무엇인가?

문제 08　웹 서버에 접속한 사용자가 너무 많거나 디도스 공격을 받을 때 웹 서버가 보내는 HTTP 프로토콜의 상태 코드와 상태 문구는 무엇인가?

문제 09　HTML, CSS, 자바스크립트처럼 클라이언트 컴퓨터에서 실행되는 코드를 무엇이라고 하는가?

문제 10　웹 애플리케이션 서버에서 실행되는 코드로, 요청을 받으면 코드의 실행 결과만 응답으로 보내는 코드를 무엇이라고 하는가?

10

공유기 알아보기

09장에서는 웹 서버를 실행하고 웹 브라우저를 이용해 웹 서버에 연결할 수 있었다. 하지만 모든 준비가 끝난 것은 아니다. 공유기를 사용하면 클라이언트가 공유기에 연결된 컴퓨터에 찾아올 수 없기 때문이다. 이번 장에서는 이런 문제가 생기는 원인과 해결 방법을 알아보자.

10-1 공유기가 하는 일

10-2 공유기에 연결된 컴퓨터를 인터넷에 공개하기

핵심 키워드

공유기   동적 호스트 구성 프로토콜(DHCP)   네트워크 주소 변환(NAT)

포트 주소 변환(PAT)   포트 포워딩

10-1 공유기가 하는 일

공유기는 많은 기능이 포함된 장치이다. 종류에 따라 기능이 더 있을 수도 있지만 주요 기능은 DHCP와 NAT이다. DHCP는 공유기에 연결한 컴퓨터에 자동으로 IP 주소를 설정하는 기능이고, NAT는 공인 IP 하나를 여러 컴퓨터가 공유해서 사용할 수 있게 해주는 기능이다. 각 기능을 자세히 알아보자.

DHCP — 동적 호스트 구성 프로토콜

DHCP^{dynamic host configuration protocol}는 컴퓨터와 공유기를 랜선을 통해 유선으로 연결하거나 와이파이를 통해 무선으로 연결하면 IP 주소를 자동으로 할당해 주는 동적 호스트 구성 프로토콜이다. 공유기에는 UDP 67번 포트를 사용하는 DHCP 서버가 기본으로 설치되어 있는데, 공유기에 연결된 컴퓨터는 DHCP 클라이언트로 공유기와 통신한다.

그런데 DHCP 프로토콜로 공유기와 통신할 때 IP 주소가 아직 없는데 어떻게 통신할 수 있을까? 공유기에 연결된 컴퓨터는 다음처럼 4가지 단계를 거쳐 IP 주소를 할당받는다.

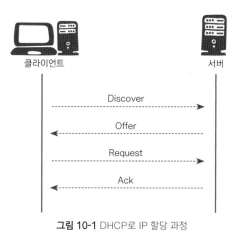

그림 10-1 DHCP로 IP 할당 과정

하지만 현재 컴퓨터에는 IP 주소뿐만 아니라 기본 게이트웨이 주소도 설정되어 있지 않다. 따라서 IPv4 프로토콜에 출발지 주소는 `0.0.0.0`처럼 비워 두고, 목적지인 공유기 주소는 `255.255.255.255`처럼 작성해 브로드캐스트로 통신한다. 각 단계를 자세히 살펴보자.

1. Discover(클라이언트에서 브로드캐스트)

컴퓨터가 IP 주소를 할당받고자 패킷을 작성해 같은 네트워크에 연결된 장치에 브로드캐스트로 전송한다.

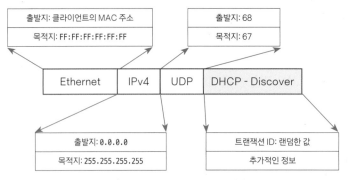

그림 10-2 DHCP — Discover 패킷

이때 DHCP 프로토콜에는 각 단계의 통신을 이어갈 수 있도록 랜덤한 값의 트랜잭션 아이디 transation ID를 설정해서 보낸다. 클라이언트가 같은 네트워크에 있는 모든 장치에게 브로드캐스트로 패킷을 보냈으므로 해당 패킷을 받은 장치 가운데 목적지 포트 번호를 사용하는 DHCP 서버가 실행 중이지 않은 장치들은 패킷을 무시하고, DHCP 서버가 실행 중인 공유기만 해당 패킷에 응답한다.

2. Offer(DHCP 서버에서 브로드캐스트)

Discover 패킷을 받은 DHCP 서버는 Offer 패킷으로 응답하는데, 아직 Discover 패킷을 보낸 클라이언트와 직접 통신할 수 있는 주소가 없으므로 DHCP 서버도 브로드캐스트로 Offer 패킷을 전송한다.

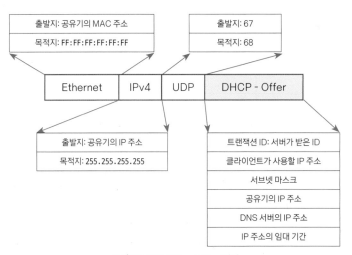

그림 10-3 DHCP — Offer 패킷

이때 서버는 Discover 패킷을 통해 받은 트랜잭션 아이디를 그대로 사용하여 Discover 패킷에 대한 응답임을 알려 준다. 동시에 DHCP 서버에 설정된 네트워크 대역에 해당하는 IP 주소 가운데 현재 남은 IP 주소 중 하나를 클라이언트에 알려 준다. 그리고 클라이언트가 IP 주소와 함께 설정해야 할 서브넷 마스크, 기본 게이트웨이, DNS 서버의 IP 주소까지 알려 주고, 마지막으로 해당 IP 주소를 사용할 수 있는 임대 기간을 알려 준다.

3. Request(클라이언트에서 브로드캐스트)

Discover 패킷을 브로드캐스트로 보냈으므로 같은 네트워크에 DHCP 서버가 여러 개면 클라이언트 컴퓨터는 DHCP별로 Offer 패킷을 여러 개 받는다. 이때 컴퓨터는 그중 하나를 골라 Request 패킷을 전송한다. 아직은 컴퓨터에 IP 주소가 설정되지 않았으므로 마찬가지로 브로드캐스트로 보낸다. 자신이 사용할 IP 주소를 공유기에 최종 요청하는 것이다.

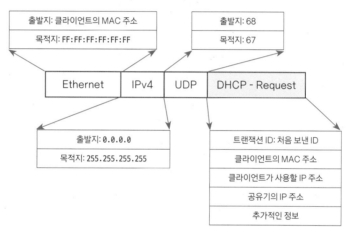

그림 10-4 DHCP — Request 패킷

4. Ack(DHCP 서버 → 클라이언트)

Request 패킷을 받은 DHCP 서버는 마지막으로 해당 IP 주소를 사용해도 된다는 의미로 Ack 패킷을 전송한다. 이 패킷을 전송하고 서버는 해당 IP 주소를 다른 컴퓨터가 할당받지 못하게 사용 중으로 표시한다. 그리고 Ack 패킷을 받은 컴퓨터는 해당 IP 주소와 서브넷 마스크, 기본 게이트웨이, DNS 서버 주소를 자신에게 설정하고 통신을 시작한다.

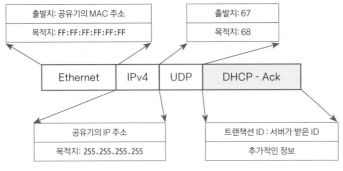

| 출발지: 공유기의 MAC 주소 | | | 출발지: 67 |
| 목적지: FF:FF:FF:FF:FF:FF | | | 목적지: 68 |

| Ethernet | IPv4 | UDP | DHCP - Ack |

| 공유기의 IP 주소 | | 트랜잭션 ID : 서버가 받은 ID |
| 목적지: 255.255.255.255 | | 추가적인 정보 |

그림 10-5 DHCP — Ack 패킷

지금까지 컴퓨터가 공유기의 DHCP를 통해 IP 주소를 자동으로 할당받는 과정을 살펴봤다. 하지만 서버를 다루는 엔지니어나 개발자라면 DHCP를 사용하기보다 IP 주소를 직접 설정할 수 있어야 한다. 왜냐하면 DHCP를 이용하면 컴퓨터의 IP 주소가 바뀔 수도 있어서다. 서비스를 제공하는 서버의 IP 주소가 바뀌면 그에 맞춰 클라이언트가 주소를 바꿔서 접속해야 하는데 클라이언트가 바뀌는 서버의 주소를 알 수가 없다.

따라서 서버가 실행 중인 컴퓨터의 IP 주소는 고정되도록 직접 설정한다. 컴퓨터의 IP 주소를 고정으로 설정하는 방법은 04장에서 실습해 본 것처럼 컴퓨터에서 IP 주소를 직접 설정하거나 또는 DHCP 서버에서 특정 IP 주소만 할당받도록 설정하는 방법이 있다. 후자의 방법을 실습해 보자.

Do it! 실습 ▶ 공유기에 컴퓨터의 IP 주소 설정하기

공유기의 설정을 변경하려면 우선 공유기의 관리자 페이지에 접속해야 한다. 일반적으로 공유기는 관리자 페이지에 접속할 수 있도록 웹 서버 기능도 포함하고 있다. 이 실습에서는 아이피타임^{IPTIME} 공유기를 예로 들었지만, 다른 공유기도 비슷한 설정이 있다. 다만 로그인 방법, 메뉴 이름, DHCP 설정 방법 등이 다를 수 있으므로 책의 내용을 참고해 각자의 환경에 맞게 실습해 보자.

1단계 먼저 웹 브라우저를 열고 주소 창에 기본 게이트웨이로 설정된 IP 주소를 입력한다. 기본 게이트웨이는 `ipconfig` 명령으로 확인할 수 있다. 주소 창에 기본 게이트웨이 주소를 입력하면 다음 그림처럼 공유기 관리자 페이지로 접속되고 해당 페이지에서 관리자의 아이디와 비밀번호로 로그인한다.

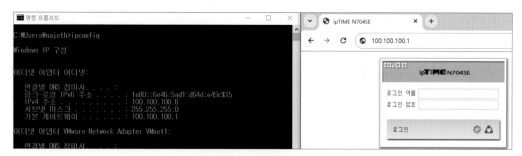

그림 10-6 공유기 설정 페이지 접속

필자가 사용 중인 아이피타임^{IPTIME} 공유기는 관리자의 아이디와 비밀번호가 admin으로 설정되어 있다. 하지만 특정 통신사나 다른 제품의 공유기는 특정 아이디와 비밀번호로 로그인하도록 설정되었을 수 있다.* | * 관리자 웹 접속 아이디와 비밀번호는 보통 공유기의 뒷면이나 안내 책자에 표시되어 있다.

2단계 관리자 페이지에 로그인한 후 메뉴에서 [DHCP 서버 설정]을 클릭한다. 그리고 '수동 주소 입력' 부분에 IP와 해당 주소를 사용할 컴퓨터의 MAC 주소, 설명 등을 작성하고 〈수동 등록〉을 클릭한다.

그림 10-7 아이피타임 공유기의 DHCP 서버 설정

참고로 공유기의 DHCP 서버 설정 기능은 제품마다 메뉴 이름이나 방법이 조금씩 다를 수 있다. 예를 들어 다음은 엘지유플러스에서 제공하는 GAPD-7500 무선 공유기의 DHCP 설정 화면이다. 메뉴 이름이나 할당 방법은 달라도 특정 IP를 특정 MAC 주소의 컴퓨터에만 할당하는 기능은 같다.

그림 10-8 GAPD-7500 공유기의 DHCP 서버 설정

NAT — 네트워크 주소 변환

공유기의 두 번째 주요 기능은 NAT이다. **NAT**network address translation는 04장에서 잠시 언급한 바 있다. IP 주소가 부족한 문제를 해결하기 위해 NAT 기술을 활용해 하나의 LAN에 연결된 여러 컴퓨터가 1개의 IP 주소로 변경해서 인터넷과 통신한다고 했다. 즉, 각 컴퓨터는 사설 IP 주소를 사용하고 공유기는 NAT 기능으로 하나의 공인 IP 주소를 공유해서 통신할 수 있게 해준다.

NAT에는 정적 NAT, 동적 NAT, PAT가 있는데 공유기는 PAT 기술을 사용한다. 각 기술을 자세히 알아보자.

1. 정적 NAT

내부 네트워크의 각 기기에 다음 표처럼 미리 설정한 공인 IP 주소를 할당하는 방식이다. 정적 NAT 기술은 내부 기기가 외부 네트워크와 통신할 때마다 항상 같은 공인 IP 주소를 사용하게 된다. 내부에서 외부로 요청하는 통신을 하고 외부에서 응답이 오더라도 대응하는 IP 주소를 보고 다시 원래의 내부 기기를 찾아간다.

표 10-1 정적 NAT

사설 IP	공인 IP
100.100.100.10	121.150.46.111
100.100.100.30	121.150.46.121
100.100.100.110	121.150.46.7
100.100.100.123	121.150.46.98

2. 동적 NAT

내부 네트워크의 각 기기가 외부 네트워크와 통신할 때 동적으로 공인 IP 주소를 할당하는 방식이다. 각 내부 기기는 필요할 때마다 다음 표처럼 공인 IP 주소 목록에서 사용 가능한 IP를 할당받아 사용하고, 사용을 마치면 해당 IP 주소를 반환한다. 동적 NAT는 필요할 때 동적으로 공인 IP 주소를 할당받으므로 공인 IP 주소가 변경될 수도 있다.

표 10-2 동적 NAT

사용 중인 공인 IP 목록	사용할 수 있는 공인 IP 목록
100.100.100.10	121.150.46.1 ~ 121.150.46.254
100.100.100.30	
100.100.100.110	
100.100.100.123	

3. PAT

PAT^{port address translation}는 내부 네트워크의 여러 기기가 하나의 공인 IP 주소를 공유하되, 각 내부 기기는 고유한 포트 번호를 할당받아 통신하는 방식이다. 내부에서 외부로 통신할 때 다음 표처럼 내용을 작성하여 외부로 요청을 보내고, 해당 요청에 응답이 돌아오면 다시 삭제한다. 내부 기기들은 하나의 공인 IP를 사용하지만, 내부 기기의 사설 IP 주소와 포트 번호를 조합하여 각각 다른 포트 번호로 동작하므로 서로를 구분할 수 있다.

표 10-3 PAT 방식 예

사설 IP	사설 IP의 포트 번호	공인 IP 주소	공인 IP의 포트 번호
100.100.100.10	5001	203.0.113.5	10981
100.100.100.30	6003	203.0.113.5	10982
100.100.100.110	8323	203.0.113.5	10983
100.100.100.123	10592	203.0.113.5	10984

NAT를 사용하면 IP 부족 문제를 해결할 수 있을 뿐만 아니라 보안이 향상되는 장점도 있다. 외부에서 내부의 사설 IP 주소를 사용하는 컴퓨터로 직접 접속할 수 없기 때문이다.

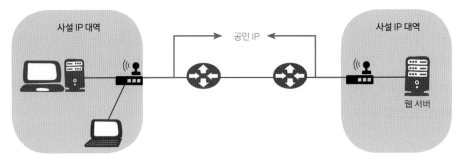

그림 10-9 NAT를 사용했을 때 실제 네트워크

실제 네트워크에는 많은 장치가 연결되어 있어도 외부와는 하나의 IP 주소로 통신하므로 하나의 장치로 인식한다. 즉, 외부에서는 내부의 컴퓨터가 몇 대인지, 그리고 어떤 IP 주소를 사용하는지 전혀 알 수 없어서 마치 해당 컴퓨터가 존재하지 않는 것처럼 보인다.

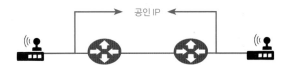

그림 10-10 NAT를 사용했을 때 외부에서 보이는 네트워크

하지만 보안이 좋아진다고 해서 꼭 좋은 것만은 아니다. 만약 인터넷으로 여러 사람에게 서비스를 제공해야 하는 서버가 NAT를 이용하는 환경에서 사설 IP를 사용한다면 클라이언트들이 서버를 찾을 수 없게 된다.

10-2 공유기에 연결된 컴퓨터를 인터넷에 공개하기

서버가 PAT를 사용하는 공유기와 같은 환경에 연결되어 있다면 클라이언트들이 서버를 찾을 수 없으므로 서버가 클라이언트에 서비스를 제공할 수 없게 된다. 이럴 때 서버는 어떻게 클라이언트에게 서비스를 제공할 수 있을까?

앞 절에서 살펴본 PAT의 표처럼 외부에서 내부로 요청이 올 때 특정 컴퓨터를 찾아갈 수 있도록 미리 내용을 작성해 두면, 외부의 클라이언트들도 서버가 실행 중인 컴퓨터를 찾을 필요 없이 공유기까지만 찾아와서 해당 내용을 확인하고 공유기에 연결된 특정 컴퓨터를 찾아갈 수 있다. 즉, 공유기가 사용하는 공인 IP 주소의 특정 포트로 찾아오면 미리 작성해 둔 공유기에 연결된 기기의 특정 포트로 클라이언트의 요청을 보내주는 것이다. 이러한 설정을 포트 포워딩이라고 한다.

포트 포워딩

포트 포워딩port forwarding은 외부에서 사설 IP 주소를 사용하는 서버 컴퓨터로 접속할 수 있게 해주는 설정이다. 다음 그림처럼 클라이언트는 사설 IP 주소를 사용하는 서버 컴퓨터로 직접 통신할 수 없으므로 공유기에 포트 포워딩 설정을 통해 사설 IP를 사용하는 컴퓨터로 접속할 수 있게 해주는 것이다.

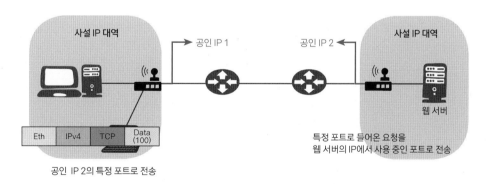

그림 10-11 포트 포워딩

공유기에 포트 포워딩 설정을 해놓으면 클라이언트는 컴퓨터까지 통신할 필요 없이 공유기에 패킷을 전송한다. 그리고 공유기는 포트 포워딩 설정을 보고 해당 컴퓨터로 패킷을 보낸다.

Do it! 실습 공유기에 포트 포워딩 설정하기

이번 실습에서는 사설 IP 주소를 사용하는 컴퓨터에 서버를 실행하고 외부에서는 접속할 수 없다는 것을 확인한 후에 서버에 접속할 수 있도록 포트 포워딩 설정을 해보자.

1단계 먼저 사설 IP 주소를 사용하는 컴퓨터에 엔진엑스 웹 서버를 실행하자. 엔진엑스는 09장에서 설치했다. 설치한 폴더에서 nginx.exe 파일을 실행한다.

그림 10-12 엔진엑스 실행

2단계 스마트폰을 와이파이로 연결해서 웹 브라우저에 서버가 실행 중인 컴퓨터의 IP 주소를 입력해보자.

그림 10-13 와이파이로 접속한 예

서버가 실행 중인 컴퓨터에 80번 포트가 허용되어 있거나 방화벽이 해제되어 있다면 "Welcome to nginx!" 메시지가 보이는 페이지에 접속되는 것을 볼 수 있다. 현재 스마트폰은 서버가 실행 중인 컴퓨터와 같은 네트워크에 연결되어 있으므로 내부에서 접속하는 것이다. 그래서 사설 IP 주소로도 통신이 가능하다.

3단계 이번에는 스마트폰의 와이파이를 해제하고 데이터 통신으로 똑같이 웹 브라우저에 서버가 실행 중인 컴퓨터의 IP 주소를 입력해 보자. 이번에는 연결할 수 없을을 확인할 수 있다. 외부에서는 사설 IP 주소로 접속할 수 없기 때문이다.

그림 10-14 데이터 통신으로 접속한 예

4단계 그럼 포트 포워딩 설정으로 외부에서도 해당 서버에 접속할 수 있도록 해보자. 공유기의 관리자 페이지에서 포트 포워딩 설정 메뉴를 찾아 들어간다.

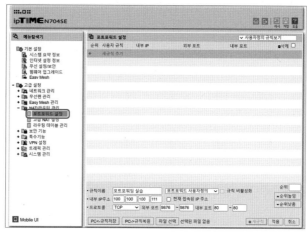

그림 10-15 포트 포워딩 설정

내부 IP 주소에는 서버가 실행 중인 컴퓨터의 IP 주소를 입력하고 외부 포트에는 클라이언트들이 접속할 포트 번호를 입력한다. 일반적으로 서버가 사용 중인 포트 번호와 같은 포트 번호를 입력하지만, 여기서는 구분을 위해 임의의 값인 9876번을 사용했다. 내부 포트에는 서버가 사용 중인 포트 번호를 입력해야 한다. 이렇게 설정하면 공유기의 공인 IP 주소의 외부 포트 번호로 요청이 들어왔을 때 내부 IP 주소의 내부 포트로 요청을 보낸다.

5단계 마지막으로 스마트폰을 데이터 통신으로 설정하고 웹 브라우저에 공유기의 공인 IP 주소와 포트 포워딩을 설정할 때 입력한 외부 포트 번호를 입력해 보자. 공인 IP 주소는 04장에서 진행한 실습("네이버가 보는 나의 IP 주소 알아보기")으로 확인할 수 있다.

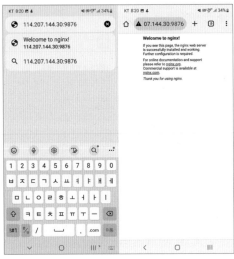

그림 10-16 공인 IP로 접속

정상으로 접속되는 것을 확인할 수 있다. 이로써 사설 IP 주소를 사용하는 컴퓨터 환경에서 서버 프로그램을 실행하고 외부의 클라이언트들이 해당 서버에 접속할 수 있는 환경을 구성하였다.

되 | 새 | 김 | 문 | 제

지금까지 배운 내용을 활용해
문제를 해결해 보세요!

▶ 정답: 244~245쪽

문제 01 DHCP를 이용한 통신 과정 중 첫 번째로, 클라이언트가 같은 LAN에 존재하는 DHCP 서버를 찾기 위해 브로드캐스트로 보내는 패킷의 이름은 무엇인가?

문제 02 DHCP를 이용한 통신 과정 중 두 번째이자 서버가 클라이언트에게 받은 첫 번째 패킷에 대한 응답으로, 클라이언트가 사용할 IP, 서브넷 마스크, 공유기의 IP, DNS 서버의 IP, IP 주소를 사용할 수 있는 임대 기간 등을 브로드캐스트로 알려 주는 패킷의 이름은 무엇인가?

문제 03 DHCP를 이용한 통신 과정 중 세 번째이자 서버가 보낸 두 번째 패킷에 대한 응답으로, 클라이언트가 서버에게 받은 IP 주소를 사용하겠다는 요청을 보내는 패킷의 이름은 무엇인가?

문제 04 DHCP를 이용한 통신 과정 중 네 번째로 서버가 클라이언트에게 IP 주소를 사용해도 된다는 의미로 보내는 패킷의 이름은 무엇인가?

문제 05 서버를 실행 중인 컴퓨터가 고정된 IP 주소를 사용해야 하는 이유는 무엇인가?

문제 06 사설 IP와 공인 IP 주소를 각각 일대일로 미리 설정해 두는 NAT 방식은 무엇인가?

문제 07 사설 IP 주소를 사용하는 컴퓨터가 공인 IP 주소 목록에서 사용 가능한 하나의 공인 IP 주소를 필요할 때마다 할당받아 사용하는 NAT 방식은 무엇인가?

문제 08 사설 IP 주소를 사용하는 컴퓨터가 하나의 공인 IP 주소를 공유하되, 각 컴퓨터는 고유한 포트 번호로 구분하여 사용하는 NAT 방식은 무엇인가?

문제 09 공유기에 연결해서 사설 IP 주소를 사용하는 컴퓨터에 서버 프로그램이 실행 중이다. 이 서버 프로그램에 외부의 클라이언트가 접속할 수 있게 하려면 공유기에 무엇을 설정해야 하는가?

문제 10 공유기의 공인 IP 주소가 123.123.123.123이고 다음처럼 포트 포워딩 설정이 되었을 때 외부의 클라이언트가 서버에 접속하기 위해서 입력해야 하는 IP 주소와 포트 번호는 무엇인가?

내부 IP	외부 포트	내부 포트
100.100.100.100	TCP(1234~1234)	TCP(80~80)

컴퓨터를 쉽게 찾는 방법
─ DNS 서버

지금까지 IP 주소, MAC 주소, 포트 번호와 같은 다양한 주소를 사용해 컴퓨터나 프로그램과 통신하는 방법을 배웠다. 그러나 사람들은 인터넷을 이용하면서 이런 주소들을 거의 보지 못한다. 일반적으로 www.naver.com 같은 도메인 주소를 사용하기 때문이다. 도메인 주소는 DNS 서버를 통해 IP 주소로 바뀌는데 이번 장에서는 이러한 내용을 자세히 알아본다.

11-1 DNS가 하는 일   11-2 도메인 주소가 IP 주소로 바뀌기까지

핵심 키워드

호스트 파일   도메인 이름 시스템(DNS)   루트 DNS   최상위 DNS

책임(권한 있는) DNS   권한 없는 DNS   영역 파일(zone file)

11-1 DNS가 하는 일

DNS$^{domain\ name\ system}$는 도메인 이름을 IP 주소로 변환하는 시스템이다. 이 시스템은 도메인 이름을 IP 주소로 변환하는 DNS 서버 프로그램과 해당 서비스를 이용하는 DNS 클라이언트 프로그램, 그리고 두 프로그램이 데이터를 주고받는 형식인 DNS 프로토콜로 구성된다.

왜 이러한 시스템이 나오게 되었는지부터 생각해 보자. 다음 그림처럼 컴퓨터 2대가 통신하는 작은 규모의 네트워크를 생각해 보자.

그림 11-1 컴퓨터 2대만 있는 작은 네트워크

A 컴퓨터는 B 컴퓨터의 IP 주소를 알고 있어야 데이터를 보낼 수 있고, B 컴퓨터도 A 컴퓨터의 IP 주소를 알고 있어야 한다. 서로의 IP 주소만 알고 있으면 통신에 큰 문제는 없다. 하지만 그림과 같은 네트워크 환경에서는 어떨까? 네트워크에 10대의 컴퓨터가 추가되었다. 이제 A 컴퓨터는 몇 개의 IP를 알고 있어야 할까?

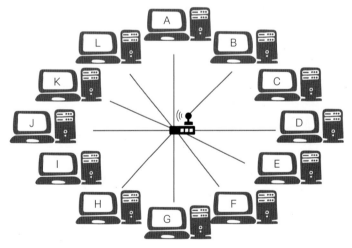

그림 11-2 컴퓨터가 여러 대 추가된 복잡한 네트워크

A 컴퓨터는 총 11대 컴퓨터의 IP 주소를 알고 있어야 한다. A 컴퓨터뿐만 아니라 B 컴퓨터도 11개의 IP를 알고 있어야 모두와 통신할 수 있다. 만약 100대가 더 추가된다면 어떨까? IP 주소는 쉽게 변경될 수 있고 숫자로만 이루어져서 대상이 많아지면 IP 주소로 통신한다는 것 자체가 현실적으로 어려워진다.

이러한 문제를 해결하고자 도메인 이름 시스템을 사용하기 시작했다.

호스트 이름

초창기 컴퓨터 이름은 호스트 이름이라는 255자까지 사용할 수 있는 평면적인 이름 구조를 사용했다. 이름이라는 것은 말 그대로 컴퓨터에게 별명을 지어주는 것이다. 예를 들어 A 컴퓨터는 'test01', B 컴퓨터는 'test02' 식으로 말이다.

하지만 실제로 컴퓨터는 IP 주소로 통신하므로 IP 주소를 사용하는 컴퓨터와 호스트 이름을 사용하는 사람 사이에서 이름과 IP 주소를 매칭할 수단이 필요했다. 처음 등장한 것은 호스트 이름을 저장해 두는 파일, 즉 **호스트 파일**(hosts)을 이용하는 방법이었다. 통신할 호스트 이름을 입력하면 운영체제는 호스트 파일에 적힌 이름을 찾고, 그 이름에 매칭된 IP 주소로 통신하는 것이다.

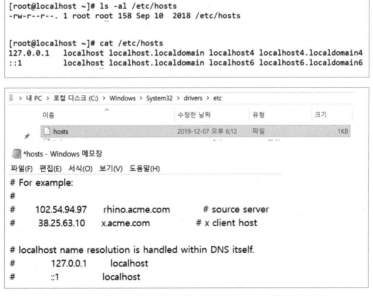

그림 11-3 리눅스(위)와 윈도우(아래)의 hosts 파일

하지만 이런 단순한 구조로는 여러 가지 문제가 있다. 첫 번째는 255자인 호스트 이름으로 전 세계의 컴퓨터를 구분할 수 없다는 것이다. 두 번째는 호스트 이름과 이에 매칭된 IP 주소를 호스트 파일로 관리할 때 특정 컴퓨터의 IP 주소나 호스트 이름이 변경되면 호스트 파일을 수정하고 다른 컴퓨터들이 모두 변경된 호스트 파일을 다시 공유해야 한다는 문제가 있다.

이러한 문제를 해결하고자 도메인 이름과 DNS 서버가 만들어졌다.

더 알아보기

윈도우의 호스트 파일

호스트 파일은 리눅스 운영체제에서는 많이 사용하지만, 윈도우 운영체제에서는 잘 사용하지 않는다. 윈도우에서 호스트 파일이 변경되면 백신이 이상한 파일로 간주해 경고 메시지를 띄우기도 한다.

예를 들어 호스트 파일에 'www.은행_사이트_주소.com'으로 접속했을 때 해커의 컴퓨터 IP 주소로 접속하도록 등록할 수 있다. 그러면 사용자가 은행 사이트 주소에 접속하려고 할 때 해커의 IP 주소로 접속된다. 이를 악용한 악성 코드가 많아서 특정 백신은 호스트 파일이 변경되는 것을 문제로 탐지하기도 한다.

도메인 이름(FQDN)

전 세계의 수많은 컴퓨터를 구분할 수 있는 도메인 이름을 짓는 방법부터 알아보자. 예를 들어 www.naver.com이라는 도메인 이름이 있을 때 'naver.com'은 도메인이고 'www'는 호스트 이름이다. 이 둘을 합쳐서 FQDN$^{fully\ qualified\ domain\ name}$이라고 하고, 일반적으로 '도메인 이름' 또는 '도메인 주소'라고 한다.

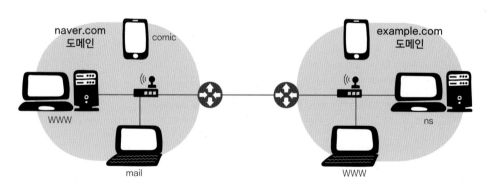

그림 11-4 도메인

도메인은 하나의 영역으로, 한 도메인에는 여러 컴퓨터가 있을 수 있고 각 컴퓨터는 호스트 이름을 가지고 있다. 예를 들어 naver.com 도메인에는 www라는 호스트 이름의 컴퓨터도 있지만, comic, mail, map과 같은 호스트 이름의 컴퓨터가 있을 수 있다.

DNS 서버 프로그램

DNS 서버는 이름과 IP 주소를 매칭해 둔 호스트 파일을 쉽게 공유하기 위해 만들어졌다. 전 세계의 많은 컴퓨터의 이름을 한 곳에서 모두 기록하고 관리할 수 없으니, 이를 여러 DNS 서버에 나눠서 관리하고 도메인 이름으로 통신하려는 컴퓨터는 서버로부터 IP 주소를 받아가도록 만든 것이다.

DNS 서버는 다음 그림과 같은 계층 구조로 구성되어 있다.

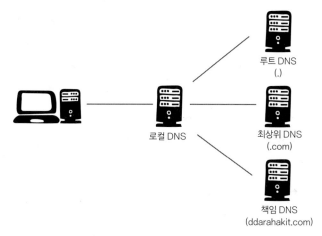

그림 11-5 계층 구조로 이뤄진 DNS 서버들

루트 DNS 서버(.)

루트 DNS 서버는 계층 구조에서 최상위에 위치하며 도메인 주소를 이용해서 IP 주소로 변경할 때 가장 먼저 찾아가는 서버다. 전 세계에 단 13대만 존재하고 루트 DNS 서버의 이름은 a~m까지 있다. 각 루트 DNS 서버는 .com, .org, .net, .kr, .jp와 같은 최상위 도메인 DNS 서버의 이름과 IP 주소들을 기록하고 관리한다.

최상위 도메인 DNS 서버(.com.)

.com, .org, .net, .kr, .jp와 같은 최상위 도메인 DNS 서버는 권한 있는 DNS 서버의 이름과 IP 주소를 관리한다. 도메인 업체에 일정 비용을 지불하고 등록을 요청하면 권한 있는 DNS 서버의 이름과 IP 주소를 등록해 준다.

책임 DNS 서버(.naver.com.)

책임 DNS 서버는 컴퓨터의 호스트 이름과 IP 주소를 저장하고 있다. 일반적으로 naver.com 과 같은 특정 회사의 도메인을 관리하는 DNS 서버 또는 자신이 직접 만든 도메인을 관리하는 DNS 서버를 의미한다. 책임 DNS 서버를 '권한 있는 DNS 서버'라고도 한다.

권한 없는 DNS 서버(이름 풀이 DNS 서버)

권한 없는 DNS 서버는 도메인 이름을 입력했을 때 사용자의 컴퓨터를 대신해서 도메인 이름에 해당하는 IP 주소를 알아 오는 DNS 서버다. 루트 DNS 서버, 최상위 도메인 DNS 서버, 권한 있는 DNS 서버 순으로 찾아가면서 IP 주소를 알아 온다. 자세한 내용은 다음 절에서 알아본다.

영역 파일

영역 파일^{zone file}은 하나의 도메인에 속한 컴퓨터들의 호스트 이름과 IP 주소를 매칭해 둔 파일로 DNS 서버가 관리하는 파일이다. 영역 파일은 각각의 정보를 레코드로 구분하여 저장하고 있다.

```
;(name)      (ttl)  CLASS  TYPE   Origin        DNSMaster
;----------------------------------------------------------------
$TTL 1D
@                   IN    SOA    ns.ddarahakit.com.    root.ddarahakit.com. (
                                 2024061001      ;serial number
                                 3600            ;Refresh
                                 1800            ;Retry
                                 36000           ;Expire
                                 86400       );  TTL


;(name)      (ttl) CLASS  TYPE   Value
;----------------------------------------------------------------
             IN    NS     ns.ddarahakit.com.
ns           IN    A      30.30.30.10
root         IN    A      30.30.30.20
www          IN    A      30.30.30.30
server       IN    CNAME  www
```

그림 11-6 영역 파일

영역 파일에서 각 레코드는 다음과 같은 의미가 있는 설정이다.

- **SOA**(start of authority): 영역 파일의 시작 부분에 위치하며, 해당 도메인에 대한 기본 정보를 포함하고 있다. 프라이머리 마스터 DNS 서버의 이름, 이메일 주소, 시리얼 번호 등을 정의한다. 영역 파일은 변경될 때마다 시리얼 번호를 높여 갱신한다. 이로써 DNS 서버들은 영역 파일이 변경되었음을 확인하고 필요할 때만 업데이트한다.
- **NS**(name server): 해당 도메인에 대한 네임 서버 정보를 지정한다. 이 레코드는 주로 해당 도메인을 관리하는 네임 서버들의 호스트 이름을 나열한다.
- **A**(address): 호스트 이름과 해당 호스트의 IPv4 주소를 매핑한다.
- **AAAA**(IPv6 address): 호스트 이름과 해당 호스트의 IPv6 주소를 매핑한다.
- **CNAME**(canonical name): 호스트에 대한 별칭을 정의한다. 한 호스트의 DNS 레코드를 다른 호스트의 레코드로 연결한다.
- **MX**(mail exchange): 도메인의 메일 서버 정보를 지정한다.
- **PTR**(pointer): 역방향 DNS 조회를 지원하기 위해 사용되며, IP 주소를 호스트 이름으로 매핑한다.
- **TXT**(text): 텍스트 정보를 포함하며, 주로 도메인에 대한 추가 정보를 제공한다.

영역 파일 전송

최신 버전의 DNS 서버 프로그램들은 기본적으로 영역 파일을 공유하지 않도록 설정되어 있지만, 옛날 DNS 서버는 영역 파일을 누구에게나 공유하도록 설정되었을 수 있다. 이러한 설정은 공개하면 안 되는 내부에서만 접속할 수 있는 서버나 관리자 서버 컴퓨터의 IP 주소까지도 노출될 위험이 있으므로 공유되지 않도록 설정하는 것이 좋다.

DNS 클라이언트 프로그램

운영체제에는 프로그램이 도메인 이름을 입력하면 DNS 서버에서 IP 주소를 알아 오는 클라이언트 프로그램이 포함되어 있다. 따라서 DNS 서비스를 이용하는 클라이언트 프로그램을 굳이 설치하지 않아도 운영체제가 알아서 도메인 이름을 IP 주소로 바꿔 준다. 추가로 DNS 서버의 설정을 확인하거나 테스트할 때 사용하는 `nslookup` 같은 명령어도 있다.

Do it! 실습 ▸ 도메인 주소로 IP 주소 확인하기

이번 실습에서는 `nslookup` 명령어를 사용해서 도메인 주소로 IP 주소를 알아 오는 실습을 진행하고 그 결과를 분석해보자.

1단계 명령 프롬프트를 열고 'nslookup www.naver.com' 명령어를 실행한다.

그림 11-7 nslookup 명령어 실행 결과

이 명령어는 현재 필자의 컴퓨터 IP 주소를 설정할 때 DNS 서버의 주소를 **8.8.8.8**로 설정했기 때문에 **8.8.8.8** IP를 사용하는 DNS 서버에게 www.naver.com의 IP를 물어보는 명령어다. IP **8.8.8.8**의 DNS 서버는 권한 없는 DNS 서버로 클라이언트를 대신해서 IP를 알아 왔으므로 클라이언트에게 권한 없는 응답으로 주소를 알려 준다.

결과적으로 www.naver.com의 IP는 **23.36.220.148**인 것을 확인할 수 있다. 실습을 진행하면서 주소가 다르게 나올 수도 있는데 이는 네이버의 서버가 여러 대여서 www.naver.com에 해당하는 IP 주소가 달라지기 때문이다.

11-2 도메인 주소가 IP 주소로 바뀌기까지

컴퓨터를 사용하면서 입력한 도메인 이름은 어떻게 IP 주소로 바뀌게 되는 걸까? 내 컴퓨터에서 입력한 도메인 이름이 계층 구조로 되어 있는 각 DNS 서버를 통해 IP 주소로 바뀌는 과정을 자세히 알아보자.

예를 들어 내 컴퓨터에서 www.ddarahakit.com이라는 도메인 이름을 입력했다고 해보자. 이때 로컬 DNS 서버는 IP 주소를 설정할 때 함께 설정한 각 통신사의 DNS 서버 또는 8.8.8.8 같은 구글의 DNS 서버이다.

먼저 내 컴퓨터는 www.ddarahakit.com이라는 도메인 이름을 로컬 DNS 서버에게 IP 주소로 바꿔 달라고 요청한다.

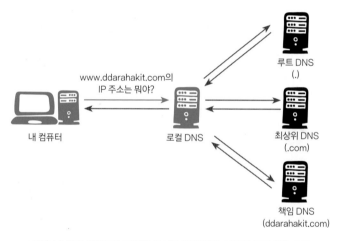

그림 11-8 내 컴퓨터가 도메인 주소를 로컬 DNS 서버에 IP로 반환 요청

도메인 주소를 IP로 변환 요청을 받은 로컬 DNS 서버는 루트 DNS 서버에게 'com'이라는 이름의 도메인을 사용하는 컴퓨터의 IP 주소를 물어보고, 루트 DNS 서버는 본인이 관리하는 영역 파일에서 'com'이라는 이름에 매칭된 IP 주소를 알려 준다. 참고로 도메인 주소 제일 뒤에는 루트 DNS 서버를 가리키는 '.'이 항상 생략돼 있다.

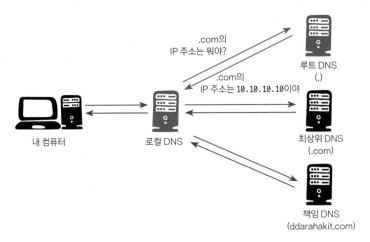

그림 11-9 로컬 DNS 서버가 루트 DNS 서버에게 com 도메인 이름의 IP 주소 요청

다시 로컬 DNS 서버는 루트 DNS 서버가 알려 준 IP 주소로 찾아가 'ddarahakit.com'이라는
도메인 이름의 IP 주소를 물어보고, 최상위 DNS 서버는 자신이 관리하는 영역 파일에
ddarahakit.com이라는 이름에 매칭된 IP 주소를 알려 준다.

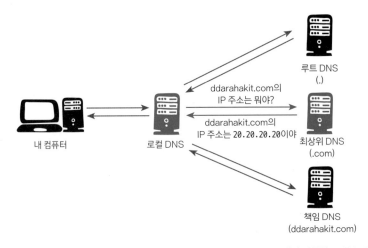

그림 11-10 로컬 DNS 서버가 최상위 DNS 서버에게 ddarahakit.com 도메인 이름의 IP 주소 요청

다시 로컬 DNS 서버는 최상위 DNS 서버가 알려 준 IP 주소로 찾아가 'www.ddarahakit.
com'이라는 도메인 이름의 IP 주소를 물어 보고, 책임 DNS 서버는 자신이 관리하는 영역 파
일에서 'www'라는 호스트 이름을 사용하는 컴퓨터의 IP 주소를 알려 준다.

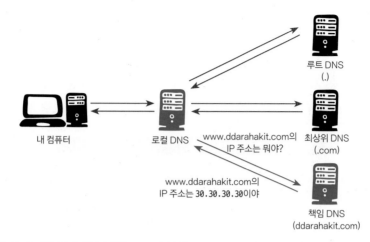

그림 11-11 로컬 DNS 서버가 책임 DNS 서버에게 www.ddarahakit.com 도메인 이름의 IP 주소 요청

마지막으로 www.ddarahakit.com의 IP 주소를 알아낸 로컬 DNS 서버는 자신에게 요청했던 사용자의 컴퓨터에 해당하는 IP 주소를 알려 준다.

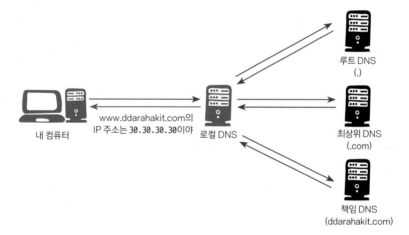

그림 11-12 클라이언트가 요청한 IP 주소를 알려 주는 로컬 DNS 서버

Do it! 실습 ▶ 도메인 주소로 IP 주소를 알아 오는 과정 살펴보기

이번 실습에서는 dig라는 프로그램으로 도메인 주소가 IP 주소로 바뀌는 과정을 살펴보자.

1단계 dig는 DNS 서버 프로그램인 BIND 9라는 프로그램에 포함돼 있다. 웹 브라우저에서 https://www.isc.org/download/에 접속한 후 BIND 9라는 프로그램을 내려받는다.

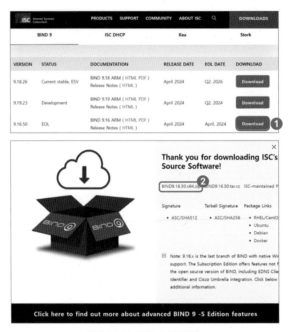

그림 11-13 BIND 9 내려받기

〈Download〉를 클릭해 zip 압축 파일을 제공하는지 확인해 보자.

2단계 내려받은 압축 파일을 C 드라이브에 압축을 풀고 폴더의 이름을 bind로 변경한다. 즉, 다음 그림처럼 C:\bind 폴더 밑에 dig.exe 파일이 있도록 준비한다.

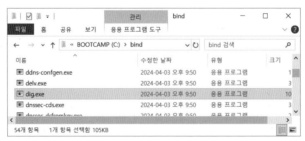

그림 11-14 C:\bind 폴더에 압축 풀기

3단계 명령 프롬프트를 열고 dig를 설치한 디렉터리로 이동한 다음, "dig www.naver.com + trace" 명령어를 실행한다. dig 명령어는 nslookup처럼 도메인 주소로 IP 주소를 알아내지만, 그 과정을 모두 보여 준다.

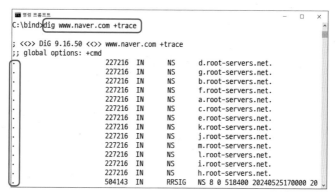

그림 11-15 dig 명령어 실행

제일 처음 '.' 서버에서 com.의 주소를 알아내고 '.com.' 서버에서 naver.com의 주소를 알아 낸 후 마지막으로 www.naver.com의 IP 주소를 알아내는 것을 볼 수 있다.

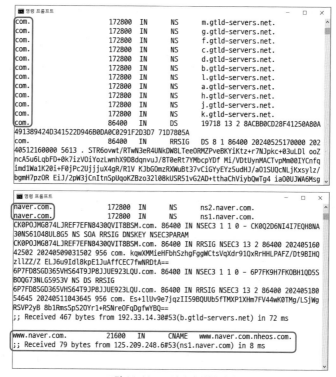

그림 11-16 dig 명령어 실행 결과

문제 01 DNS는 무엇의 약자인가?

문제 02 DNS 서버의 기본 기능은 무엇인가?

문제 03 운영체제에 저장되어 있는 파일로, 네트워크에 연결된 각 컴퓨터의 이름과 IP 주소를 매칭해 둔 파일은 무엇인가?

문제 04 권한 없는 DNS 서버는 클라이언트를 대신해 _____ → _____ → _____ 순으로 도메인 주소에 해당하는 IP 주소를 알아낸다. 빈칸에 들어갈 알맞은 단어는 무엇인가?

문제 05 전 세계의 컴퓨터를 구분하기 위해 사용하는 이름으로, DNS 서버를 통해서 IP 주소로 바꿀 수 있는 것은 무엇인가?

문제 06 DNS 서버가 관리하는 파일로, 실제 컴퓨터의 이름과 IP 주소가 레코드로 작성되어 있는 파일은 무엇인가?

문제 07 영역 파일에서 호스트 이름과 IPv4 주소를 매핑한 레코드는 무엇인가?

문제 08 영역 파일에서 호스트 이름과 IPv6 주소를 매핑한 레코드는 무엇인가?

문제 09 영역 파일에서 해당 도메인의 DNS 서버 정보를 저장해 둔 레코드는 무엇인가?

문제 10 영역 파일에서 시작 부분에 위치하며 해당 도메인에 대한 기본 정보를 저장해 둔 레코드는 무엇인가?

12

암호화 통신하기
─ HTTPS

우리는 웹 사이트에 회원 가입을 하고 아이디와 비밀번호로 로그인해서 다양한 서비스를 이용한다. 그런데 내 컴퓨터의 웹 브라우저와 웹 서버가 주고받는 데이터를 누군가 훔쳐볼 수 있다면 중요한 정보가 노출될 수 있다. 이번 장에서는 이런 문제를 해결하기 위해 어떤 설정을 해야 하는지 알아본다.

12-1 HTTP의 취약성 살펴보기

12-2 암호화란?

12-3 HTTP + SSL 프로토콜

핵심 키워드

암호화   복호화   해시   대칭 키 암호화   비대칭 키   개인 키

공개 키   PKI(public key infrastructure)   디지털 서명

인증서   SSL(Secure Sockets Layer)   HTTPS

12-1 HTTP의 취약성 살펴보기

HTTP는 사람이 알아볼 수 있는 문자열로 데이터를 주고받는 대표적인 프로토콜이다. 따라서 HTTP로 주고받은 패킷을 확인해 보면 통신 내용을 쉽게 확인할 수 있는데, 만약 누군가 패킷을 훔쳐본다면 어떤 내용을 주고받았는지 알 수 있어 보안에 취약하다.

예를 들어 회원 가입이나 로그인할 때에 패킷을 HTTP 프로토콜에 담아서 웹 서버에 보낸다면 패킷 훔쳐보기로 아이디와 비밀번호 같은 민감한 정보가 노출될 수 있다.

• HTTP 요청 프로토콜 구조

```
POST /api/member/login HTTP/1.1
Host: www.doit-network.com
User-Agent: Mozilla/5.0 (Windows; NT 10.0; Win64; x64) AppleWebKit/537.36 (KHTML, like Gecko)
Chrome/90.0.4430.93 Safari/537.36
Content-Type: application/json
```

```
{"email":"test@test.com", "password":"qwer1234"}
```

무작위 모드로 패킷 훔쳐보기

스니핑sniffing이란 '킁킁거리다', '냄새를 맡다' 등의 뜻으로 다른 사람이 주고받는 패킷을 훔쳐보는 해킹 기법을 말한다. 스니핑을 하기 위한 다양한 해킹 기술이 있지만 가장 쉬운 방법은 네트워크 인터페이스를 **무작위 모드**promiscuous mode로 설정하는 것이다.

기본적으로 네트워크 인터페이스는 자신이 모르는 주소가 담긴 패킷을 전달받으면 역캡슐화 과정에서 버린다. 그런데 무작위 모드로 설정하면 해당 패킷을 버리지 않고 살펴본다. 윈도우에서는 설정이 복잡하지만, 리눅스에서는 간단한 명령어 한 줄만으로도 설정할 수 있다.

예를 들어 다음 그림은 IP 주소가 **100.100.100.123**인 리눅스 컴퓨터에서 네트워크 인터페이스를 무작위 모드로 설정하고 IP주소가 **100.100.100.100**인 컴퓨터의 HTTP 패킷을 캡처한 모습이다.

```
[root@localhost ~]# ip addr
1: lo: <LOOPBACK,UP,LOWER_UP> mtu 65536 qdisc noqueue state UNKNOWN group default qlen 1000
    link/loopback 00:00:00:00:00:00 brd 00:00:00:00:00:00
    inet 127.0.0.1/8 scope host lo
       valid_lft forever preferred_lft forever
    inet6 ::1/128 scope host
       valid_lft forever preferred_lft forever
2: ens160: <BROADCAST,MULTICAST,PROMISC,UP,LOWER_UP> mtu 1500 qdisc fq_codel state UP group default qlen 1000
    link/ether 00:0c:29:aa:21:51 brd ff:ff:ff:ff:ff:ff
    altname enp3s0
    inet 100.100.100.123/24 brd 100.100.100.255 scope global noprefixroute ens160
       valid_lft forever preferred_lft forever
    inet6 fe80::20c:29ff:feaa:2151/64 scope link noprefixroute
       valid_lft forever preferred_lft forever

[root@localhost ~]# tcpdump | grep 121 | grep 100.100.100. | grep http
dropped privs to tcpdump
tcpdump: verbose output suppressed, use -v or -vv for full protocol decode
listening on ens160, link-type EN10MB (Ethernet), capture size 262144 bytes
20:24:56.661217 IP 100.100.100.100.54894 > 20.198.119.143.https: Flags [.], ack 174, win 516, length 0
20:25:18.012144 IP kix06s10-in-f10.1e100.net.https > 100.100.100.100.49279: UDP, length 32
^C4204 packets captured
4215 packets received by filter
0 packets dropped by kernel
```

그림 12-1 리눅스에서 무작위 모드로 확인한 다른 컴퓨터의 HTTP 패킷

ARP 스푸핑으로 패킷 훔쳐보기

05장에서 ARP 캐시 테이블을 설명할 때 한 번 알아낸 MAC 주소는 목적지의 IP와 MAC 주소를 ARP 캐시 테이블에 기록해 두고 일정 시간 동안은 이 주소로 통신한다고 했다. 하지만 요청하지 않은 컴퓨터로부터 ARP 응답 프로토콜을 받으면 어떻게 될까? ARP 프로토콜에는 프로토콜의 내용을 검증하는 절차나 양식이 따로 없기 때문에 받은 응답 프로토콜을 그대로 ARP 캐시 테이블에 등록한다.

이런 식으로 요청한 적 없는 ARP 응답 프로토콜로 상대방에게 조작된 정보를 보내는 해킹 기법을 **ARP 스푸핑**ARP spoofing이라고 한다. ARP 스푸핑은 커다란 문제가 될 수도 있는 대표적인 네트워크 해킹 기법이다.

예를 들어 다음 그림처럼 A(희생자)와 B(공격자)가 같은 카페에서 같은 공유기에 각자 와이파이로 연결해서 인터넷을 이용하고 있는 상황이라고 해보자. A 컴퓨터는 공유기를 통해 인터넷을 이용하므로 ARP 요청 프로토콜을 브로드캐스트로 보내서 공유기의 MAC 주소인 11:11:11:11:11:11을 알아낸 후 해당 MAC 주소로 통신한다.

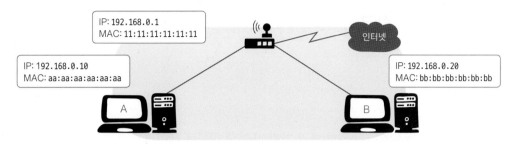

그림 12-2 같은 공유기를 사용하는 A와 B 컴퓨터

그런데 공유기가 A 컴퓨터에 응답할 때 보내는 ARP 응답 패킷을 누군가 위조할 수 있다면 어떻게 될까? 즉, B 컴퓨터가 마치 자신이 공유기인 것처럼 출발지 IP는 공유기의 IP, 출발지 MAC 주소는 자신(B)의 MAC 주소로 위조해서 A 컴퓨터에 응답한다면 어떻게 될까?

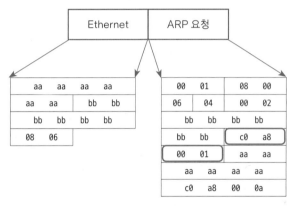

그림 12-3 A에게 ARP 스푸핑 공격(좌), 공유기에게 ARP 스푸핑 공격(우)

그러면 응답 패킷을 받은 A 컴퓨터는 공유기의 IP 주소 **192.168.0.1**에 해당하는 MAC 주소가 **bb:bb:bb:bb:bb:bb**(B의 MAC 주소)라고 자신의 ARP 캐시 테이블에 등록한다. 결국 A 컴퓨터는 인터넷을 하기 위해서 기본 게이트웨이에 설정된 공유기의 IP 주소로 통신하지만, ARP 캐시 테이블에 등록된 MAC 주소는 B 컴퓨터의 MAC 주소이므로 B 컴퓨터를 통해서 인터넷에 접속하게 된다. 결국 B는 A의 패킷을 모두 훔쳐볼 수 있게 된다.

그렇다면 어떻게 해야 웹 서버와 안전하게 데이터를 주고받을 수 있을까? 여러 가지 방법이 있지만 대표적으로는 암호화를 이용한다.

12-2 암호화란?

암호화란 데이터를 보호하기 위한 여러 가지 기술 중 하나로 데이터를 훔치지 못하게 보호해 주는 기술이 아니라, 설사 훔쳐보더라도 원래 내용을 알 수 없게 만드는 기술이다.

먼저 암호화와 관련된 몇 가지 용어를 알아보자.

- **평문**: 누구나 쉽게 이해할 수 있는 메시지 형태로, 암호화되기 전 원본 데이터 또는 메시지를 의미한다.
- **암호문**: 인가되지 않은 사용자는 알아볼 수 없도록 평문을 암호화하여 얻은 결과물을 의미한다.
- **키**: 암호화와 복호화 과정에서 사용하는 비밀 정보이다. 암호화에서 가장 중요한 정보이며 인가된 사용자 외에는 키를 가질 수 없어야 한다.
- **암호화**: 평문을 암호문으로 변환하는 과정이다.
- **복호화**: 암호문을 다시 평문으로 변환하는 과정이다.

암호화의 종류

암호화 방식에는 여러 가지가 있지만, 크게 단방향 암호화와 양방향 암호화로 나눠 볼 수 있다.

단방향 암호화

단방향 암호화는 복호화할 수 없는 방식을 일컫는다. 일반적으로 '해시', '해시 함수', '해시 알고리즘'이라고 하며 복호화가 불가능하다는 것 말고도 몇 가지 특징이 더 있다.

우선 데이터의 크기가 작든 크든 암호화한 데이터의 크기는 일정하다는 특징이 있다. 또한 1bit의 데이터만 달라져도 전혀 다른 값이 된다. 이러한 특징을 이용해서 단방향 암호화는 데이터를 숨기는 데 사용하기보다 데이터가 위·변조되었는지를 판단하는 데 많이 사용한다. MD5, SHA와 같은 방식이 대표적이다.

양방향 암호화

양방향 암호화 방식은 키를 사용해 암호화하고 해당 키를 가지고 있다면 다시 원본 데이터로 복호화할 수도 있다. 따라서 키를 잘 관리한다면 특정 키를 보유한 컴퓨터끼리만 데이터를 주고받을 수 있다.

대칭 키와 비대칭 키 암호화 방식

양방향 암호화 방식 중에서도 암호화나 복호화할 때 키를 어떻게 사용하느냐에 따라 크게 대칭 키 암호화 방식과 비대칭 키 암호화 방식으로 나눌 수 있다.

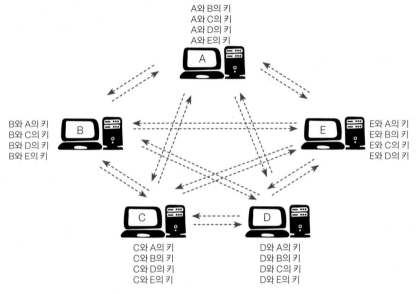

그림 12-4 5대의 컴퓨터가 대칭 키 방식을 사용할 때 키는 20개

대칭 키 암호화 방식은 암호화할 때 사용하는 키와 복호화할 때 사용하는 키가 같은 암호화 방식이다. 예를 들어 A와 B 두 사람이 통신할 때는 1개의 키만 있으면 암호화 통신을 할 수 있다. 하지만 C라는 사람이 추가되면 A와 B가 통신할 때 사용하는 키 1개, A와 C가 통신하는 키 1개, B와 C가 통신하는 키 1개, 총 3개의 키가 필요하다.*

> * n명의 사용자끼리 대칭 키를 공유하려면 n(n - 1) / 2개, 비대칭 키 방식에서는 총 2n개의 키가 필요하다.

이처럼 통신하는 대상이 많아질수록 키의 수가 증가한다. 하지만 대칭 키 암호화 방식은 비대칭 키 암호화 방식보다 더 쉬운 암호화 방식을 사용하므로 처리 속도가 빠르다는 장점이 있다.

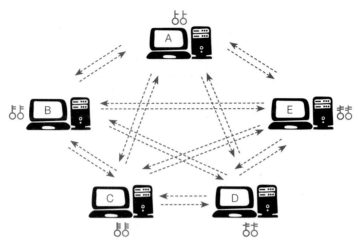

그림 12-5 5대의 컴퓨터가 비대칭 키 방식을 사용할 때 키는 10개

비대칭 키 암호화 방식은 암호화할 때 사용하는 키와 복호화할 때 사용하는 키가 서로 다르다. 비대칭 키 암호화 방식은 암호화 통신을 할 때 다음과 같은 규칙을 따른다.

1. A와 B가 서로 통신하기 전 각자의 개인 키와 공개 키를 만든다.
2. A의 개인 키로 암호화한 데이터는 A의 공개 키로만 복호화할 수 있다.
3. A의 공개 키로 암호화한 데이터는 A의 개인 키로만 복호화할 수 있다.
4. 공개 키는 누구나 요청하면 받을 수 있다.
5. 개인 키는 요청하더라도 누구에게도 전달하지 않는다.

이러한 규칙으로 비대칭 키 암호화 방식은 각각 본인의 개인 키와 공개 키만 가지고 있으면 되므로 통신하는 대상이 늘어도 키의 수가 많이 증가하지는 않는다. 하지만 어려운 수식을 이용해 암호화하므로 대칭 키 암호화 방식보다 처리 속도가 느리다는 단점이 있다.

암호화 통신의 문제점

암호화에서는 키만 있으면 다시 복호화해서 내용을 볼 수 있어서 키를 관리하는 것과 어떻게 전달할지가 중요하다. 만약 네트워크 통신으로 키를 전달하면 HTTP 패킷을 훔쳐보던 사람이 키마저도 훔칠 수 있기 때문에 암호화를 하는 의미가 없어진다.

여기서는 A와 B가 대칭 키 또는 비대칭 키를 사용해 암호화 통신을 할 때 해커가 패킷을 훔치면 어떤 문제가 생기는지 알아보자.

대칭 키를 이용하는 방식

1. 통신을 시작하기 전에 A가 대칭 키를 생성한다.

2. A가 B에게 메시지를 전송하기 위해 메시지를 생성한 대칭 키로 암호화한다.

3. 암호화된 메시지를 B에게 전송한다.

4. 암호화할 때 사용한 키를 B에게 전송한다.

5. B는 전달받은 암호화된 메시지를 전달받은 대칭 키를 사용해 복호화한다.

여기서 문제는 해커가 둘 사이의 통신을 훔쳐보고 있다면 해커 또한 키를 가질 수 있기 때문에 암호화된 메시지를 복호화할 수 있다.

비대칭 키를 이용하는 방식 — A의 공개 키로 암호화

1. 통신을 시작하기 전에 A가 개인 키와 공개 키를 생성한다.

2. A는 자신의 공개 키로 메시지를 암호화한다.

3. A는 B에게 암호화한 메시지를 전송한다.

4. B는 전달받은 메시지를 복호화하기 위해 A의 개인 키를 달라고 요청한다.

여기서 문제는 평문 메시지를 A의 공개 키로 암호화했기 때문에 A의 개인 키로만 복호화할 수 있다. B가 암호화한 메시지를 복호화하려면 A의 개인 키가 필요하지만, 개인 키는 누구에게도 공유하지 않기 때문에 B는 암호화한 메시지를 복호화할 수 없어서 메시지의 내용을 확인할 수 없다. 해커뿐만 아니라 B도 내용을 볼 수 없는 것이다.

비대칭 키를 이용하는 방식 — A의 개인 키로 암호화

1. 통신을 시작하기 전에 A가 개인 키와 공개 키를 생성한다.

2. A는 자신의 개인 키로 메시지를 암호화한다.

3. A는 B에게 암호화한 메시지를 전송한다.

4. B는 전달받은 메시지를 복호화하기 위해 A의 공개 키를 달라고 요청한다.

5. B는 암호화된 메시지와 공개 키를 전달받아 복호화한다.

여기서 문제는 공개 키는 누구나 요청하면 받을 수 있으므로 해커 또한 암호화된 메시지와 A의 공개 키를 받아 메시지의 내용을 확인할 수 있다.

비대칭 키를 이용하는 방식 — B의 개인 키로 암호화

1. 통신을 시작하기 전에 B가 개인 키와 공개 키를 생성한다.
2. A는 B의 개인 키로 암호화하기 위해 B에게 개인 키를 달라고 요청한다.

여기서 문제는 개인 키는 누구에게도 공유하지 않기 때문에 A는 암호화하기 위한 키를 받을 수 없다.

비대칭 키를 이용하는 방식 — B의 공개 키로 암호화

1. 통신을 시작하기 전에 B가 개인 키와 공개 키를 생성한다.
2. A는 B의 공개 키로 암호화하기 위해 B에게 공개 키를 달라고 요청한다.
3. A는 전달받은 B의 공개 키로 메시지를 암호화한다.
4. A는 B에게 암호화한 메시지를 전송한다.
5. B는 전달받은 메시지를 자신의 개인 키를 사용하여 복호화한다.

여기서 문제는 A가 B에게 공개 키를 요청했을 때 해당 패킷을 훔쳐보고 있던 해커가 자신의 공개 키를 A에게 보내면 A는 해커의 공개 키로 암호화하게 되고, 해커는 자신의 개인 키로 A가 암호화한 메시지를 복호화할 수 있다. 그다음에 해커는 B에게 공개 키를 요청하고 B의 공개 키로 복호화한 메시지를 다시 암호화하여 B에게 보내면 B는 자신의 개인 키로 해당 메시지를 복호화할 수 있기 때문에 누군가 훔쳐보고 있다는 사실도 모를 수 있다.

대칭 키와 비대칭 키를 이용해서 여러 상황을 가정해 암호화 통신을 해봤지만, 결국 키를 전달하는 과정에서 해커가 해당 패킷을 훔쳐보고 있다면 결국 안전한 통신을 하지 못한다는 것을 알 수 있다. 그렇다면 도대체 이런 문제는 어떻게 해결해야 하는 걸까?

PKI 인증 시스템

A와 B가 비대칭 키를 이용하여 암호화 통신을 할 때 A가 B의 공개 키를 이용하여 암호화하면, B만 자신의 개인 키로 복호화하여 메시지의 내용을 볼 수 있었다. 이때 해커가 A와 B 사이의 통신을 훔쳐보고 있다면 A는 자신이 받은 공개 키가 B의 공개 키인지 해커의 공개 키인지 알 수 없다는 것이 문제였다.

그렇다면 A가 B에게 공개 키를 요청했을 때 전달받은 공개 키가 B의 것이 맞는지 확인만 할 수 있다면 문제는 해결될 것이다. 그래서 공개 키를 신뢰할 수 있도록 법과 제도, 기술적인 항목을 동원해서 만든 것이 PKI^{public key infrastructure}라고 하는 공개 키 기반 구조이다.

PKI에서는 디지털 서명과 인증서를 사용하여 공개 키를 신뢰할 수 있도록 한다. 먼저 디지털 서명은 특정 대상의 개인 키로 암호화하여 특정 대상의 공개 키로만 복호화할 수 있는 성질을 이용한 것으로 디지털 서명 과정은 다음과 같다.

1. A가 B에게 데이터를 요청하여 통신할 때 B가 전송할 데이터의 해시값을 생성한다. 해시값을 B의 개인 키로 암호화하고 디지털 서명으로 만들어 메시지와 함께 보낸다.
2. A는 전달받은 디지털 서명을 B에게 공개 키를 받아와 복호화하여 해시값을 확인한다.
3. A는 전달받은 메시지의 해시값을 생성하여 2번에서 확인한 해시값과 비교한다.

디지털 서명에서 중요한 점은 메시지를 암호화하는 것이 아니라, 메시지의 해시를 B의 개인 키로 암호화하여 B가 보낸 데이터가 중간에 위·변조되지 않았음을 검증하는 것이다.

인증서는 신뢰할 수 있는 제3의 기관이 통신 대상의 공개 키를 인증해 주는 것으로 통신 대상의 공개 키와 인증 기관의 디지털 서명, 다양한 정보가 추가된 파일을 의미한다. 국내에서 신뢰할 수 있는 인증 기관은 한국인터넷진흥원(KISA), 예스사인(YesSign)을 비롯해 여러 곳이 있다. 인증서를 발급받으려면 도메인 주소가 필요하다.

마지막으로 인증서를 이용한 안전한 암호화 통신 과정을 살펴보자.

1. 통신을 시작하기 전에 B가 개인 키와 공개 키를 생성한다.
2. B는 자신의 공개 키를 인증 기관에 제출하여 인증서를 발급 요청한다.
3. 인증 기관은 발급자, 발급 대상, 발급 대상의 공개 키 등의 내용으로 인증서를 생성한다.
4. 인증 기관은 인증서의 해시를 생성한 후 인증 기관의 개인 키로 암호화한 디지털 서명을 인증서에 추가한다.
5. 인증 기관은 해당 인증서를 B에게 발급한다.
6. A가 B에게 데이터를 요청한다.
7. B는 A가 요청한 데이터를 자신의 개인 키로 암호화하여 전송한다.
8. 암호화된 데이터를 전달받은 A는 복호화하기 위해 B에게 공개 키를 요청한다.
9. B는 공개 키와 인증 기관의 디지털 서명이 추가된 인증서를 A에게 전송한다.

10. A는 인증서에서 B의 공개 키가 B의 것이 맞는지 확인하기 위해 전달받은 인증서의 해시를 생성한다.

11. A는 인증서에 추가된 인증 기관의 개인 키로 암호화된 디지털 서명을 컴퓨터에 설치된 인증 기관의 공개 키를 이용해서 복호화한 후 10번에서 생성한 해시값과 비교한다.

12. 비교 결과가 일치한다면 인증서에 있는 B의 공개 키로 암호화해서 B와 통신하다.

여기서 중요한 점은 11번에서 컴퓨터에 설치된 인증 기관의 공개 키이다. 일반적으로 운영체제나 웹 브라우저 같은 프로그램에는 신뢰할 수 있는 루트 인증 기관의 공개 키가 이미 포함되어 있다.

윈도우에서 'C:₩Users₩사용자_이름₩Appdata₩LocalLow₩NPKI'의 경로에 루트 인증 기관의 인증서가 사전에 설치되어 있고, 인증서 안에는 인증 기관의 공개 키가 있다.

그림 12-6 컴퓨터에 저장되어 있는 인증 기관의 인증서

12-3 HTTP + SSL 프로토콜

SSL은 Secure Socket Layer의 약자로 직역하면 암호화 소켓 계층이며 암호화 계층이자 프로토콜을 의미한다. OSI 7계층으로 구분하면 4계층에 속한다. SSL은 1994년 넷스케이프 ^{Netscape}라는 회사에서 개발되어 계속 발전했으나 보안 취약점으로 인해 현재는 사용하지 않는다.

대신 SSL은 국제 인터넷 표준화 기구(IETF)에서 지정한 TLS^{transport layer security}라는 프로토콜로 대체되었다. 하지만 아직까지 이름은 남아있어 SSL 또는 TLS 두 이름을 혼용해서 사용하고 있다. 즉, 현재 SSL이라고 하면 TLS 프로토콜을 의미한다. 이 책에서는 SSL이라고 표기했다.

SSL은 보안 계층이자 프로토콜이므로 기존에 사용하던 다른 7계층 프로토콜에 추가해서 사용할 수 있다. 웹에서 데이터를 주고받을 때 사용하는 HTTP에 SSL을 추가하면 HTTPS 프로토콜이 되고, 이메일을 주고받을 때 사용하는 SMTP에 SSL을 추가하면 SMTPS가 된다.

최근의 웹 사이트 대부분은 HTTP에 SSL을 적용한 HTTPS로 웹 서비스를 제공한다. HTTPS는 443번 포트를 사용하며 HTTPS를 사용하는지는 크롬 웹 브라우저에서 주소를 입력하는 부분 왼쪽 버튼을 누르면 확인할 수 있다. 자물쇠 모양에 '**이 연결은 안전합니다**'라고 나온다면 HTTPS를 사용하는 것이다.

그림 12-7 HTTPS로 통신하는 사이트

만약 주소 옆에 '**주의 요함**'이라고 나온다면 HTTP를 사용하는 것이다. HTTP를 사용한다고 무조건 위험한 사이트를 의미하는 것은 아니다. 아이디와 비밀번호처럼 민감한 데이터를 주고받는 것이 아니라면 HTTP만 사용해도 상관없다.

그림 12-8 HTTP로 통신하는 사이트

SSL 프로토콜을 이용한 통신 과정

평문으로 통신하던 HTTP에 SSL을 이용하면 '대칭 키 + 비대칭 키 + 디지털 서명 + 인증서'가 적용된 암호화 통신을 할 수 있다. 각각의 암호화 기술은 다음과 같은 역할을 한다.

- **대칭 키**: HTTP를 이용해서 주고받는 데이터는 크기가 커서 암호화 처리 속도가 비교적 빠른 대칭 키를 이용해서 암호화한다.
- **비대칭 키**: 대칭 키를 안전하게 주고받기 위해 암호화하는 데 사용한다.
- **디지털 서명**: 대칭 키를 비대칭 키로 암호화한 것을 복호화하기 위한 인증서에 인증 기관의 디지털 서명을 추가한다.
- **인증서**: 대칭 키를 암호화할 때 사용한 비대칭 키를 제3의 기관에서 인증받는다.

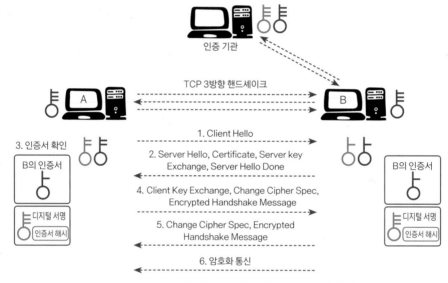

그림 12-9 TLS 프로토콜을 이용하여 인증서와 키를 주고받는 과정

1. Client Hello
클라이언트가 서버에게 통신을 시작하기 위한 요청을 보낸다. 클라이언트가 지원하는 암호화 알고리즘과 버전, 압축 방법 등의 정보를 제공한다. 이때 서버와 클라이언트가 대칭 키를 생성할 때 사용할 클라이언트의 무작위 값을 생성한 후 함께 전송한다.

2. Server Hello, Certificate, Server Key Exchange, Server Hello Done
서버가 클라이언트의 요청에 응답하여 통신을 시작한다. 클라이언트가 지원하는 암호화 알고리즘과 버전 중 선택한 정보를 전송한다. 서버와 클라이언트가 대칭 키를 생성할 때 사용할 서버의 무작위 값을 생성한 후 함께 전송한다. 서버는 클라이언트에게 서버의 공개 키를 포함한 인증서를 함께 전송한다. 만약 서버의 공개 키가 인증서에 포함되어 있지 않다면 서버는 임시 키를 생성하여 클라이언트에게 임시 키를 전송^{Server Key Exchange}한다. 서버는 클라이언트에게 핸드셰이크가 완료되었음을 나타내는 메시지^{Server Hello Done}를 전송한다.

3. 인증서 확인

클라이언트는 서버가 보낸 인증서의 해시를 생성한다. 인증서에 포함된 디지털 서명을 컴퓨터에 저장된 인증 기관의 공개 키로 복호화한다. 두 값을 비교하여 인증서의 위·변조 여부를 확인한다.

4. Client Key Exchange, Change Cipher Spec, Encrypted Handshake Message

클라이언트는 서버의 무작위 값(2번에서 수신), 클라이언트의 무작위 값(1번에서 생성), 서버의 공개 키(2번에서 수신), 클라이언트의 개인 키(4번에서 생성)를 이용해 PreMaserSecret이라는 새로운 키를 생성한다. 그리고 해당 키를 서버의 공개 키로 암호화한 것을 서버에 전송^{Client Key Exchange}한다. 클라이언트는 서버에게 암호화 통신을 시작할 것임을 나타내는 메시지를 교환^{Change Cipher Spec}한다. 클라이언트는 암호화된 핸드셰이크 메시지를 서버에 전송한다.

5. Change Cipher Spec, Encrypted Handshake Message

서버는 클라이언트에게 암호화 통신을 시작할 것임을 나타내는 메시지를 교환^{Change Cipher Spec}한다. 서버도 클라이언트에게 암호화된 핸드셰이크 메시지를 보낸다.

6. 암호화 통신

서버는 4번에서 수신한 자신의 공개 키로 암호화된 PreMaserSecret을 자신의 개인 키로 복호화한다. 이후 클라이언트와 서버는 PreMaserSecret을 클라이언트의 무작위 값, 서버의 무작위 값을 조합하여 MasterSecret을 생성하고 마지막으로 클라이언트와 서버는 MasterSecret을 사용하여 PRF^{Pseudo-Random Function}를 통해 세션 키를 생성한다. 이 세션 키를 대칭 키로 사용하여 암호화 통신을 수행한다.

Do it! 실습 ▶ HTTPS 보안 웹 서버 설정하기

이번 실습에서는 엔진엑스 웹 서버를 실제 인증 기관에서 인증받아 보자. 그리고 웹 서버를 이용하는 사용자들과 암호화 통신을 할 수 있도록 HTTPS 보안 웹 서버를 설정해 보자. 이번 실습에 앞서 웹 서버가 정상으로 실행 중이어야 하고 80번과 443번 포트가 포워딩 설정되어 있어야 한다.

1단계　먼저 인증 기관에서 인증을 받으려면 실제 접속할 수 있는 도메인이 필요하므로 무료로 도메인을 등록할 수 있는 'https://내도메인.한국/'에 접속한다. 실제 주소를 한글로 입력해도 접속이 된다. 회원 가입 후 로그인한다.

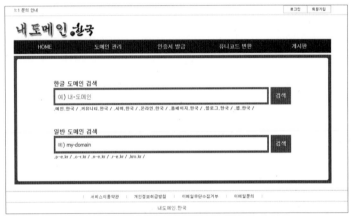

그림 12-10 '내도메인.한국' 접속 화면

2단계　원하는 도메인을 입력하고 검색하면 사용할 수 있는 주소인지 확인한 후 등록하여 사용할 수 있다. 5가지 중 원하는 주소를 정하고 〈등록하기〉를 클릭해 도메인을 등록한다.

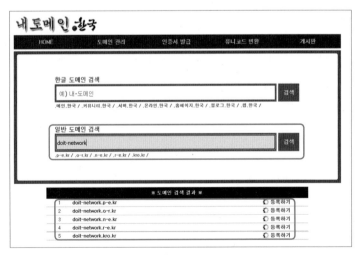

그림 12-11 도메인을 검색

3단계 등록한 도메인의 설정 화면에서 IP 연결을 체크하고 호스트 이름에는 www를 입력, 오른쪽에는 웹 서버에 접속할 수 있는 공인 IP 주소를 입력한다. 그러면 'www.doit-network.kro.kr'이라는 주소는 이제 인터넷에 있는 DNS 서버들에 의해 지금 입력한 공인 IP 주소로 바뀌게 된다.

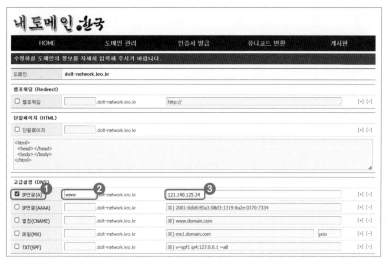

그림 12-12 www 호스트 이름에 접속 가능한 공인 IP 주소 입력

4단계 정상으로 등록했으면 웹 브라우저에서 www.doit-network.kro.kr 주소로 접속했을 때 웹 페이지가 나오는 것을 확인할 수 있다.

그림 12-13 정상으로 등록된 도메인 주소로 접속한 모습

웹 페이지가 정상으로 나오지 않으면 먼저 IP 주소로 접속해서 확인해 본다. IP 주소로 접속되지만 도메인으로 접속되지 않으면 아직 도메인이 적용되지 않은 것이다. 적용되기까지 일정 시간이 필요하다.

5단계 이제 등록한 도메인을 인증 기관을 통해 인증받고 인증서를 발급받는다. 인증 기관은 여러 곳이 있지만 여기서는 Let's Encrypt라는 곳을 이용하겠다.

그림 12-14 Let's Encrypt에서 제공하는 다양한 클라이언트 프로그램

Let's Encrypt는 다양한 환경에서 인증서를 발급받을 수 있는 여러 클라이언트 프로그램을 제공한다. 여기서는 윈도우 환경에 맞는 클라이언트를 내려받고 인증서를 발급받아 보자.

https://www.win-acme.com/에 접속해서 win-acme를 내려받은 후 압축을 풀어 준다.

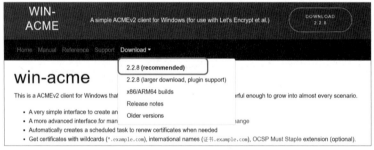

그림 12-15 윈도우 환경에 맞는 클라이언트 프로그램 다운로드

6단계 압축을 풀면 나오는 wacs.exe 파일을 실행한다. 그러면 다음처럼 콘솔 창이 실행되는데 여기서부터 메뉴를 차례로 선택해 가면서 인증서 발급을 진행한다. 먼저 **M**을 입력해 Create certificate (full options) 메뉴를 선택한 후 `Enter`를 누른다. 이 메뉴는 다양한 옵션을 설정하여 인증받을 수 있다.

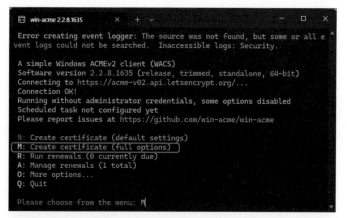

그림 12-16 인증서 발급 시작하기(M 선택)

그다음 2번을 입력하면 도메인을 직접 입력하여 인증받을 수 있다.

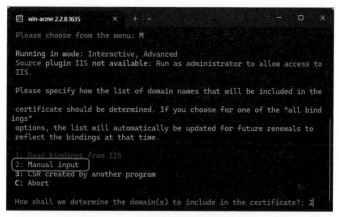

그림 12-17 도메인을 입력해 인증받기(2번 선택)

Host: 옆에 2단계에서 등록한 자신의 도메인 주소를 입력한다.

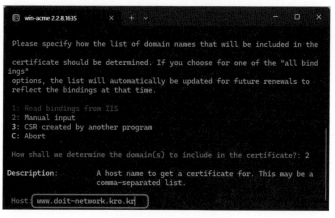

그림 12-18 도메인 주소 입력

입력한 주소가 맞는지 확인한 후 (Enter)를 입력한다.

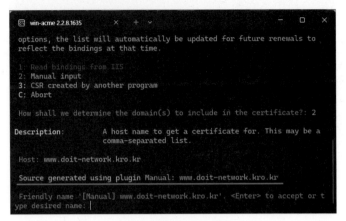

그림 12-19 도메인 주소 확인

하나의 인증서에 같은 도메인을 사용하는 여러 호스트를 등록할 수 있다. 이 실습에서는 서버가 하나이므로 4번을 선택해서 하나만 등록한다.

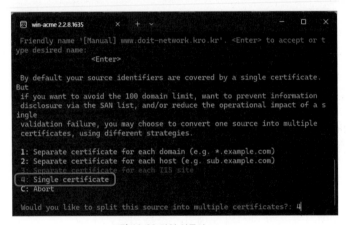

그림 12-20 단일 인증서(4번 선택)

인증 기관으로부터 인증받을 수 있는 방법이 여러 가지 있는데 여기서는 웹 서버에 인증 기관의 검증 파일을 저장하고 확인받는 방법을 사용하겠다. 1번을 선택한다.

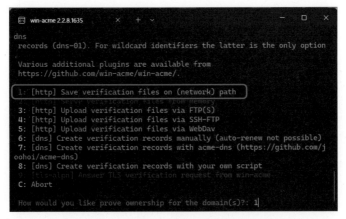

그림 12-21 웹 서버에 인증 기관의 검증 파일 저장(1번 선택)

인증 기관이 웹 서버를 통해 파일을 받아갈 수 있도록 웹 서버가 설치된 경로에 있는 html 폴더를 입력한다.

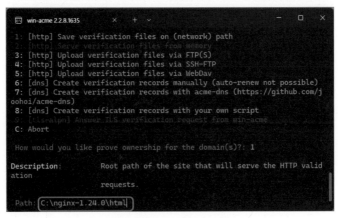

그림 12-22 html 폴더 경로 입력

인증서에서 사용할 암호화 방식을 선택한다. 가장 대표적인 2번 RSA 방식을 선택한다.

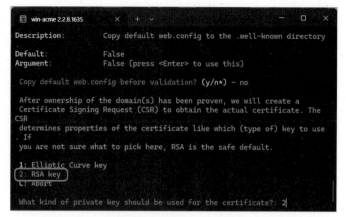

그림 12-23 암호화 방식(2번 선택)

2번을 선택해 키 방식을 PEM으로 설정한다.

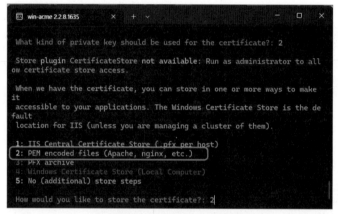

그림 12-24 PEM 방식으로 설정(2번 선택)

인증서가 생성될 경로를 입력하자. 여기서는 웹 서버가 설치된 경로 밑에 있는 conf 폴더를 입력했다.

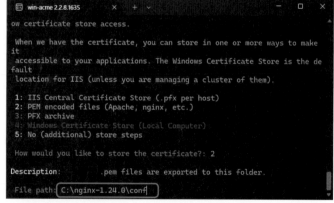

그림 12-25 인증서 생성 경로 입력(실습에서는 엔진엑스 설치 폴더 아래 conf로 지정)

키 파일에 추가로 암호 문구를 추가할 수 있는데 1번을 선택하면 따로 추가하지 않는다. 여기서는 1번을 선택한다.

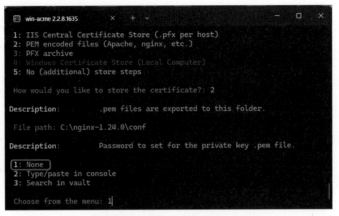

그림 12-26 암호 문구 추가하지 않음(1번 선택)

나머지는 추가 옵션에 대한 설정이다. 여기서는 5번을 선택하고 이어서 3번을 선택해서 추가 설정이나 설치를 하지 않는다.

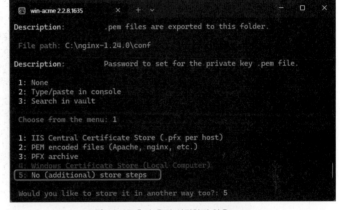

그림 12-27 추가 옵션 설정하지 않음(5번 선택)

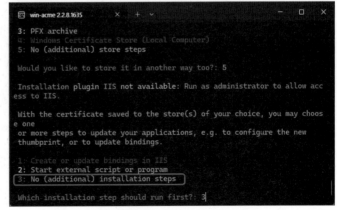

그림 12-28 추가 설치하지 않음(3번 선택)

그다음은 설정한 내용으로 인증서를 생성할 때 특정 사용자로 실행할 것인지 설정하는 부분이다. 여기서는 n을 입력하여 일반 관리자로 실행되게 한다.

그림 12-29 일반 관리자로 실행 설정(n 입력)

마지막으로 Q를 입력해서 acme 프로그램을 종료한다.

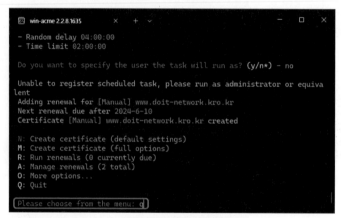

그림 12-30 종료(Q 입력)

7단계 인증에 성공하면 설정한 경로에 인증 관련 파일들이 추가된 것을 확인할 수 있다. 웹 서버가 설치된 경로 밑에 있는 conf 폴더에 인증서와 관련된 파일들을 확인한다.

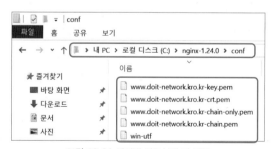

그림 12-31 생성된 인증서와 키 파일

8단계 생성된 인증서 파일을 웹 서버에 적용한다. 웹 서버가 설치된 경로에서 conf 폴더에 있는 nginx.conf 파일을 열고 마지막 부분에서(**# HTTPS server** 아래쪽) 해당 내용을 수정한다. 먼저 각 줄의 앞에 있는 #을 제거한다. 그리고 **ssl_cerificate**에는 '도메인-crt.pem' 파일을 지정하고, **ssl_certificate_key** 부분에는 '도메인-key.pem' 파일을 지정한다. 다음처럼 수정을 마쳤으면 파일을 저장하고 닫는다. 웹 서버의 설정이 변경되었으므로 웹 서버를 종료한 후 다시 실행한다.

• 엔진엑스 웹 서버 설정 파일 수정   nginx-x.x.x/conf/nginx.conf

```
...(생략)...
# HTTPS server
#
server {
    listen       443 ssl;
    server_name  localhost;

    ssl_certificate      www.doit-network.kro.kr-crt.pem;
    ssl_certificate_key  www.doit-network.kro.kr-key.pem;

    ssl_session_cache    shared:SSL:1m;
    ssl_session_timeout  5m;

    ssl_ciphers  HIGH:!aNULL:!MD5;
    ssl_prefer_server_ciphers  on;

    location / {
        root    html;
        index   index.html index.htm;
    }
}
```

9단계 웹 서버를 다시 실행했다면 잘 적용되었는지 확인하기 위해 https://www.doit-network.kro.kr/처럼 HTTPS로 접속해 본다.

그림 12-32 HTTPS로 접속 확인

웹 브라우저의 도메인 주소에서 왼쪽의 아이콘을
클릭해 보면 현재 안전한 통신을 하는 중인지 아
닌지 확인할 수 있다. 인증서가 위조되었거나 공
개 키가 현재 접속한 사이트의 것이 아니라면 안
전하지 않은 연결이라고 알려준다. 추가로 [이 연
결은 안전합니다] 부분을 클릭하면 인증서를 확
인할 수 있다.

그림 12-33 웹 브라우저에서 인증서 확인

[인증서가 유효함]을 클릭한다.

그림 12-34 인증서가 유효함 클릭

웹 서버에서 지정했던 인증서의 내용을 확인할 수 있다. 발급 대상은 acme를 통해 입력했던
도메인 주소이고, 발급 기관은 Let's Encrypt인 것을 확인할 수 있다.

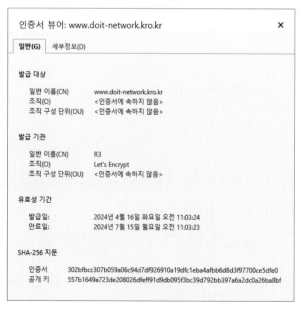

그림 12-35 인증서 상세 보기

10단계 마지막으로 현재 웹 서버는 HTTP로도 접속할 수 있고 HTTPS로도 접속할 수 있다. 사용자들이 HTTP로 접속하면 자동으로 HTTPS로 다시 접속하도록 설정해 보자.

엔진엑스 웹 서버 설정 파일을 열고 기존에 **server { listen 80; ...생략...}**으로 되어 있던 부분을 다음처럼 수정한다. 80번 포트를 기본 서버로 사용하고 이 포트로 접속하는 모든 요청을 HTTPS로 리다이렉트해서 다시 접속하게 한다는 설정이다.

• 엔진엑스 웹 서버 설정 파일 수정   `nginx-x.x.x/conf/nginx.conf`

```
...(생략)...
server {
    listen 80 default_server;
    server_name _;
    return 301 https://$host$request_uri;
}
...(생략)...
```

11단계 확인을 위해 HTTP로 접속해 본다. HTTP로 접속해도 HTTPS로 접속되는 것을 확인할 수 있다.

그림 12-36 HTTP로 입력해도 HTTPS로 접속되는 것 확인

되 | 새 | 김 | 문 | 제

지금까지 배운 내용을 활용해
문제를 해결해 보세요!

▶ 정답: 244~245쪽

문제 01 평문을 암호화한 것은 무엇인가?

문제 02 암호화할 때 사용한 키와 복호화할 때 사용하는 키가 같은 암호화 방식은 무엇인가?

문제 03 암호화할 때 사용한 키와 복호화할 때 사용하는 키가 다른 암호화 방식은 무엇인가?

문제 04 암호화한 데이터를 다시 원래대로 복호화할 수 없는 암호화 방식은 무엇인가?

문제 05 10대의 컴퓨터가 서로 비대칭 키 암호화 방식을 이용해서 통신하려 할 때 필요한 키의 수는 몇 개인가?

문제 06 데이터의 해시값을 생성하고 해시값을 특정 대상의 개인 키로 암호화하여 데이터가 위·변조되었는지 확인하거나 특정 대상의 신원을 확인할 때 사용하는 기술을 무엇이라고 하는가?

문제 07 제3의 인증 기관에게 발급받는 것으로, 서버의 도메인 주소와 공개 키를 인증해 주는 파일을 무엇이라고 하는가?

문제 08 발급 대상, 발급 기관, 발급 대상의 공개 키, 클라이언트의 공개 키 중 인증서에 포함되어 있지 않은 것은 무엇인가?

문제 09 SSL 프로토콜은 OSI 모델에서 몇 계층에 속하는가?

문제 10 해시 암호화의 특징이 <u>아닌</u> 것은?

① 입력하는 데이터의 크기가 크면 암호화된 데이터의 크기도 크다.

② 대표적인 알고리즘으로 MD5, SHA 등이 있다.

③ 주로 데이터의 무결성을 검증하는 데 사용된다.

④ 다시 원본 데이터로 복호화할 수 없다.

되 | 새 | 김 | 문 | 제 | 정 | 답

01

[01] 인터넷 [02] LAN [03] 프로토콜 [04] 웹, 웹 서비스 [05] 유니캐스트

02
42쪽

[01] TCP/IP 모델 [02] OSI 7계층 모델 [03] 물리 계층 [04] 데이터 링크 계층 [05] 네트워크 계층
[06] 전송 계층 [07] 세션 계층 [08] 표현 계층 [09] 응용 계층 [10] 캡슐화 [11] 역캡슐화

03
53쪽

[01] 스위칭 [02] CRC [03] MAC 주소 [04] 6bytes [05] 00:00:00:00:00:00 또는 00-00-
00-00-00-00, ':' 또는 '-'로 각 필드를 구분하고 16진수로 작성 [06] OUI(랜카드를 제조한 회사)
[07] Ipconfig /all [08] Preamble [09] 14bytes [10] 목적지 MAC 주소, 출발지 MAC 주소,
상위 프로토콜 종류 [11] IPv4(0x0806), ARP(0x0800)

04
72쪽

[01] 라우팅 [02] X, 바로 다음 경로의 정보만 포함 [03] IP 주소 [04] 4bytes [05] 10.10.10.10, 점(.)으
로 구분해서 4개의 필드를 10진수로 표기 [06] C클래스 [07] 192.168.100.0 [08] 192.168.100.255
[09] 192.168.100.1 ~ 192.168.100.254 [10] 127.0.0.1 [11] ipconfig /all

05
87쪽

[01] 1 [02] 2 [03] ARP 캐시 테이블

06
114쪽

[01] 5 [02] 1320 [03] 1111 [04] 1480을 8로 나눈 185 [05] TTL [06] ICMP : 1, TCP : 6,
UDP : 17 [07] 8, 0, 3, 11 [08] 192.168.30.2 [09] 3개, 1040bytes [10] 윈도우

07 _____ 149쪽

[01] 서버, 클라이언트 [02] TCP 프로토콜 [03] SYN 플래그 [04] 3 Way Handshake [05]포트 번호
[06] 시퀀스, 응답 [07] LISTEN 상태 [08] ESTABLISHED 상태 [09] netstat -ano [10] 클라이언트

08 _____ 166쪽

[01] HTTP 프로토콜 [02] GET 메서드 [03] POST 메서드 [04] HTML 파일 [05] CSS 파일
[06] 자바스크립트 파일 [07] 클라이언트, 서버 [08] URL 주소 [09] URI 주소
[10] multipart/form-data

09 _____ 184쪽

[01] 웹 서버 [02] 웹 애플리케이션 서버 [03] 표 [04] JSON [05] 404 Not Found [06] 403 Forbidden
[07] 500 Internal Server Error [08] Service Unavailable [09] 프런트엔드 코드 [10] 백엔드 코드

10 _____ 199쪽

[01] Discover [02] Offer [03] Request [04] Ack [05] 변경된 서버의 IP 주소를 클라이언트
가 알 수 없다. 따라서 서버의 IP 주소가 변경되면 클라이언트가 서버에 접속할 수 없기 때문이다.
[06] 정적 NAT [07] 동적 NAT [08] PAT [09] 포트 포워딩 [10] 123.123.123.123:1234

11 _____ 214쪽

[01] Domain Name System [02] 도메인 이름을 IP 주소로 변환 [03] 호스트 파일(hosts file)
[04] 루트 DNS 서버, 최상위 DNS 서버, 권한 있는 DNS 서버 [05] 도메인 이름 [06] 영역 파일
(zone file) [07] A 레코드 [08] AAAA 레코드 [09] NS 레코드 [10] SOA 레코드

12 _____ 242쪽

[01] 암호문 [02] 대칭 키 암호화 방식 [03] 비대칭 키 암호화 [04] 단방향 암호화, 해시, 해시 암호화
[05] 각 컴퓨터마다 개인 키와 공개 키 2개씩 총 20개 [06] 디지털 서명 [07] 인증서 [08] 클라이언
트의 공개 키 [09] 4계층 [10] ①번

한글

ㄱ~ㄷ

개발자 도구	15
게이트웨이	71
게이트웨이 주소	100
게임 핵	183
고등연구계획국	28
공유기	13, 16, 17, 187
공인 IP	64
권한 없는 DNS 서버	206
긴급 포인터	133
네트워크	13
네트워크 ID	70
네트워크 계층	30
네트워크 대역	60
네트워크 모델	28
네트워크 분석기	23
단방향 암호화	220
단자	17
대칭 키	221
데이터	13
데이터 링크	30, 117
데이터베이스 서버	169
도메인 이름	204
도메인 주소	20
동적 NAT	193
동적 포트	120
디지털 서명	228

ㄹ~ㅂ

라우터	57
라우팅	30, 57
라우팅 테이블	100
랜선	17
랜카드	30, 47
로그인	31
로컬호스트	71
루트 DNS 서버	205
루프백	71
멀티캐스트	20
메모리	81
메인보드	47
명령 프롬프트	15
모뎀	17
무작위 모드	217
문자열	25
물리 계층	30
백엔드	179
버전	89
보안 웹 서버	230
복호화	220
브로드캐스트	20, 70
비대칭 키	221
비트	30

ㅅ~ㅇ

사설 IP	64
사용자 에이전트	160
상태 문구	175
상태 코드	175
서버	169
서버 컴퓨터	15
서버 프로그램	118
서브넷 마스크	62
서비스 유형	90
세션	31
세션 계층	31
스니핑	217
스마트폰	13
스위칭	45
아르파넷	28
아이피타임	190
아파치 HTTP 서버	169
암호문	220

암호화	220
암호화 통신	229
양방향 암호화	221
엔진엑스	169
역캡슐화	34
영역 파일	206
영역 파일 전송	207
예약 필드	133
예약된 포트	121
오퍼레이션 코드	76
오프셋	133
와이어샤크	22
와이파이	13
운영체제	31
웹	13, 14
웹 브라우저	14, 134, 152
웹 서버	14, 152, 169
웹 서비스	14
웹 애플리케이션 서버	169
유니캐스트	20
응용 계층	31
이더넷	21
인증서	228
인터넷	13
인터넷 헤더 길이	90
임시 저장소	81

ㅈ~ㅊ

자바스크립트	14, 153
잘 알려진 포트	120
전기 신호	30
전송 계층	31
정적 NAT	192
정적 데이터	169
조각 오프셋	90
조각화	97
질의 문자열	158
차등화 서비스 필드	90, 97

책임 DNS 서버	206	해킹 프로그램	183	CSS	14, 153
최대 전송 단위(MTU)	107	헤더	33		
최상위 도메인 DNS 서버	206	헤더 체크섬	91	**d~h**	
		호스트	160	DHCP	187
ㅋ~ㅎ		호스트 이름	203	DNS	202
캐시	81	호스트 주소	60	Encrypted Handshake	
캡슐화	34	호스트 파일	203	Message	229
콘텐트 길이	160	확장자	31	ESTABLISHED	146
콘텐트 형식	160			FIN	135
쿠키	160			FQDN	204
클라이언트	14, 152			GET 메서드	156
클라이언트 프로그램	118			GIF	31
클라이언트-서버 모델	117	**영어**		HTML	14, 153
클래스리스 IP	62			HTTP 메서드	155
클래스풀 IP	60			HTTP 버전	159
키	220			HTTP 요청 보디	161
통신망	13	**a~c**		HTTP 요청 시작 줄	155
통신사	16	A	207	HTTP 요청 헤더	160
패킷	24, 33	AAAA	207	HTTP 응답 시작 줄	174
페이로드	33	ACK	135	HTTP 응답 헤더	177
평문	220	Adapter for loopback	23	HTTP 프로토콜	152
포트 번호	20	Adapter for loopback traffic		httpd	169
포트 포워딩	195	capture	128	HTTPS	227
표현 계층	31	application/json	162	Hypertext Transfer	
푸터	33	application/x-www-form-		Protocol	41
프런트엔드	179	urlencoded	161		
프로토콜	21, 122	ARP	75	**i~k**	
프로토콜 유형	76	ARP 스푸핑	218	ICMP	93
프로토콜 주소 길이	76	ARP 요청 프로토콜	77	IEEE	48
프리엠블	50	ARP 캐시 테이블	81	IHL	89
하드 디스크	81	ARP, IPv4, ICMP	30	image/png	178
하드웨어 유형	76	CAN	17	Internet Protocol	
하드웨어 장치	30	Certificate	228	Version 4	40
하드웨어 주소 길이	76	Change Cipher Spec	229	IP 옵션	89
해시	220	Client Hello	228	IP 주소	20
해시 알고리즘	220	Client Key Exchange	229	IP 플래그	90
해시 함수	220	CNAME	207	IPv6	59
해저 케이블	14	CPU	81	ISO	29
		CRC	45		

JPG	31	SFD	50	**기타**			
JSON	180	SHA	220				
		SMTPS	227				
l~n		SOA	207	10진수	59		
LAN	17	SSL	227	16진수	25, 47		
LISTENNING	145	SYN	135	2진수	63		
MAC 주소	20, 45	SYN_RECEIVED	145	3방향 핸드셰이크	135		
MAN	17	SYN_SENT	145				
MasterSecret	229	SYN과 ACK	145				
MD5	220	TCP	21, 122				
MPG	31	TCP 연결 종료 과정	139				
multipart/form-data	162	text/html	177				
MX	207	TFTP	124				
NAT	63, 192	TFTPD 프로그램	125				
Nginx	134, 169	TLS	227				
Npcap	22	Transmission Control					
NS	207	Protocol	40				
nslookup	207	TTL	90				
		TXT	207				
o~r							
OSI 7계층	29	**u~w**					
OUI	48	UDP	21, 122				
PAT	193	URG	135				
PID	148	URI	159				
ping	93	URL	20, 157				
PKI 인증 시스템	224	WAN	17				
POST 메서드	156						
PreMaserSecret	229						
PRF	229						
PSH	135						
PTR	207						
QoS	90						
RST	135						
s~t							
Server Hello	228						
Server Hello Done	228						
Server Key Exchange	228						

웹 프로그래밍 코스

웹 기술의 기본은 HTML, CSS, 자바스크립트!
기초 단계를 독파한 후 응용 단계로 넘어가세요!

기초 단계

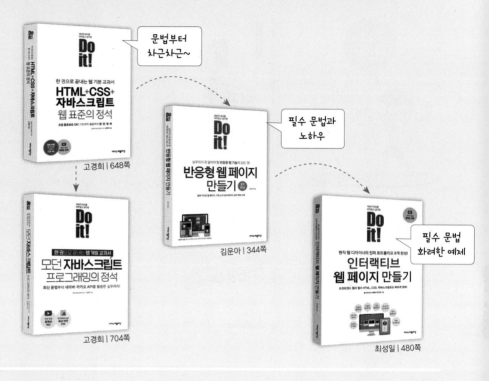

문법부터 차근차근~

필수 문법과 노하우

필수 문법 화려한 예제

고경희 | 648쪽

고경희 | 704쪽

김운아 | 344쪽

최성일 | 480쪽

응용 단계

고경희 | 560쪽

박응용 | 408쪽

이성용, 김태곤 | 640쪽

나는 어떤 코스가 적합할까?

A 프런트엔드 개발자가 되고 싶은 사람

- Do it! HTML+CSS+자바스크립트 웹 표준의 정석
- Do it! 모던 자바스크립트 프로그래밍의 정석
- Do it! 반응형 웹 페이지 만들기
- Do it! 인터랙티브 웹 페이지 만들기
- Do it! 자바스크립트 + 제이쿼리 입문
- Do it! Vue.js 입문

B 백엔드 개발자가 되고 싶은 사람

- Do it! HTML+CSS+자바스크립트 웹 표준의 정석
- Do it! 모던 자바스크립트 프로그래밍의 정석
- Do it! node.js 프로그래밍 입문
- Do it! 점프 투 장고
- Do it! 점프 투 스프링 부트 3
- Do it! 장고 + 부트스트랩 파이썬 웹 개발의 정석

Basic Programming Course
기초 프로그래밍 코스
파이썬, C 언어, 자바로 시작하는 프로그래밍!
기초 단계를 독파한 후 응용 단계로 넘어가세요!

기초 단계

박응용 | 432쪽

김성엽 | 576쪽

김동형 | 856쪽

시바타 보요 저, 강민 역 | 408쪽

시바타 보요 저, 강민 역 | 452쪽

시바타 보요 저, 강민 역 | 424쪽

응용 단계

김창현 | 384쪽

강성윤 | 720쪽

김종관 | 564쪽

나는 어떤 코스가 적합할까?

A 파이썬 개발자가 되고 싶은 사람

- Do it! 점프 투 파이썬
- Do it! 점프 투 파이썬 — 라이브러리 예제 편
- Do it! 파이썬 생활 프로그래밍 with 챗GPT
- Do it! 점프 투 장고
- Do it! 장고+부트스트랩 파이썬 웹 개발의 정석
- Do it! 챗GPT+파이썬으로 AI 직원 만들기

B 자바·코틀린 개발자가 되고 싶은 사람

- Do it! 점프 투 자바
- Do it! 자바 완전 정복
- Do it! 자바 프로그래밍 입문
- Do it! 안드로이드 앱 프로그래밍
- Do it! 깡샘의 안드로이드 앱 프로그래밍
  with 코틀린

인공
지능

정직하게 코딩하며 배우는
딥러닝 입문

박해선 | 328쪽

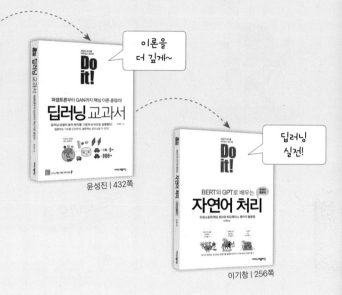

이론을
더 깊게~

파셉트론부터 GAN까지 핵심 이론 총망라!
딥러닝 교과서

윤성진 | 432쪽

딥러닝
실전!

BERT와 GPT로 배우는
자연어 처리

이기창 | 256쪽

데이터
분석

쉽게 배우는
R 데이터 분석

김영우 | 376쪽

쉽게 배우는
R 텍스트 마이닝

김영우 | 344쪽

쉽게 배우는
파이썬 데이터 분석

김영우 | 472쪽

데이터 분석을 위한
판다스 입문

다니엘 첸 | 시진 | 400쪽

나는 어떤
코스가
적합할까?

A 인공지능 개발자가 되고 싶은 사람

- Do it! 점프 투 파이썬
- Do it! 정직하게 코딩하며 배우는
  딥러닝 입문
- Do it! 딥러닝 교과서
- Do it! BERT와 GPT로 배우는
  자연어 처리
- Do it! 챗GPT+파이썬으로 AI 직원 만들기

B 데이터 분석가가 되고 싶은 사람

- Do it! 쉽게 배우는 파이썬 데이터 분석
- Do it! 쉽게 배우는 R 데이터 분석
- Do it! 쉽게 배우는 R 텍스트 마이닝
- Do it! 데이터 분석을 위한 판다스 입문
- Do it! R 데이터 분석 with 샤이니
- Do it! 첫 통계 with 베이즈

Application Programming Course
앱 프로그래밍 코스

자바, 코틀린, 스위프트로 시작하는 앱 프로그래밍!
나만의 앱을 만들어 보세요!

**기초
단계**

김동형 | 856쪽

정재곤 | 800쪽

강성윤 | 720쪽

강성윤 | 712쪽

송호정, 이범근 | 696쪽

**응용
단계**

조준수 | 488쪽

전예홍 | 580쪽

김응석 | 576쪽

나는 어떤
코스가
적합할까?

A 빠르게 앱을 만들고 싶은 사람

- Do it! 안드로이드 앱 프로그래밍
- Do it! 깡샘의 안드로이드 앱
  프로그래밍 with 코틀린
- Do it! 스위프트로 아이폰 앱 만들기 입문
- Do it! 플러터 앱 개발&출시하기

B 앱 개발 실력을 더 키우고 싶은 사람

- Do it! 자바 완전 정복
- Do it! 리액트로 웹앱 만들기
  with 타입스크립트
- Do it! 프로그레시브 웹앱 만들기
- Do it! 깡샘의 플러터&다트 프로그래밍